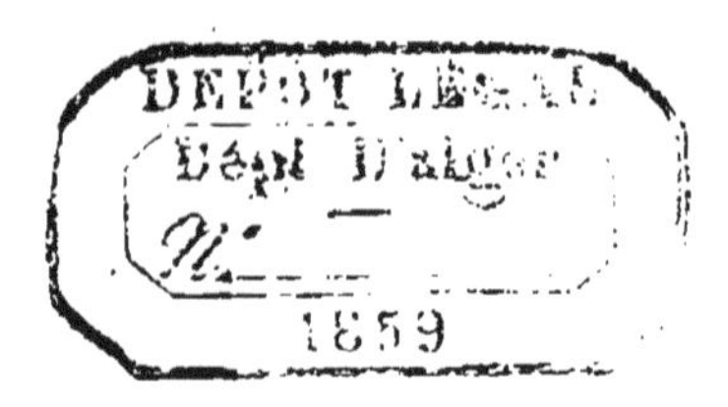

# L'ALGÉRIE

DEVANT L'OPINION PUBLIQUE

# L'ALGÉRIE

## DEVANT L'OPINION PUBLIQUE

POUR FAIRE SUITE A

## L'ALGÉRIE DEVANT LE SÉNAT

---

## INDIGÈNES ET IMMIGRANTS

EXAMEN RÉTROSPECTIF


PAR LE Dr A. WARNIER

OFFICIER DE LA LÉGION D'HONNEUR
ANCIEN DIRECTEUR DES AFFAIRES CIVILES DE LA PROVINCE D'ORAN
ANCIEN MEMBRE DU CONSEIL DU GOUVERNEMENT DE L'ALGÉRIE

L'obligation dans laquelle on s'est trouvé de confier l'administration des Arabes à des militaires est le plus grand obstacle à la colonisation par des Européens et à la civilisation des Indigènes.

« Peccavi, et peccatum meum « contra me est semper. »


ALGER

IMPRIMERIE MOLOT ET Cie RUE DE L'ÉTAT-MAJOR, 5.

1864

# AVERTISSEMENT

Ceci n'est ni un livre, ni un mémoire, ni une note ; c'est un recueil d'articles écrits pour le *Courrier de l'Algérie*, au courant de la plume, du 28 février au 25 mars 1864, dans un moment où des intrigues de toutes natures se croisaient et où des nouvelles de Paris annonçaient la subalternisation prochaine de l'Administration civile de l'Algérie à l'Administration militaire.

Parmi les fausses nouvelles que des intéressés mettaient en circulation, celle-ci était très-accréditée :

M. le Conseiller du Gouvernement, auteur anonyme de l'ALGÉRIE FRANÇAISE (*Indigènes et Immigrants*) doit être la clef de voute de la nouvelle réorganisation ; le poste de Secrétaire-général lui étant réservé en récompense de ses bons services et de la découverte par lui faite des voies nouvelles de l'Algérie.

Or, comme la susdite brochure, qui a eu un grand retentissement et qui a trompé plus d'une personne, n'est qu'un pamphlet anti-colonial, déguisé sous le masque d'un apostolat en faveur des Indigènes, nous avons cru de notre devoir envers les colons — *quorum pars parva fui* — d'enlever le masque de notre adversaire et de mettre la vérité en regard de tous les mensonges habilement accrédités par sa plume.

Ce travail, péniblement accompli, à raison des nombreux calculs et des recherches plus nombreuses que nous avons dû faire, se ressent souvent de l indignation qu'a suscitée en nous la decouverte de l'erreur calculée ; nous demandons pardon au lecteur si nous n'avons pas assez respecté sa dignité, en nous abandonnant trop passionnément à nos impressions du moment. La vérité n'en est que plus nettement formulée.

Nous nous décidons à réunir ces articles en brochure, parce que les journaux de l'Algérie ne sont pas lus à Paris et parce que, nonobstant un certain temps d'arrêt dans l'avenement d'un régime nouveau, nous sommes à peu près certain que l'erreur, battue sur place devant l'opinion publique algérienne, cherchera à prendre sa revanche sur un terrain qui lui est plus favorable, celui où des préoccupations nombreuses détournent l'attention des affaires de l'Algérie.

A la demande de nos amis, cette brochure est surtout destinée à éclairer la religion des hommes d'Etat auxquels nous allons l'envoyer.

Puissent-ils disposer d'un moment de loisir pour prendre connaissance des faits qui y sont signalés.

Saint-Eugène (près Alger), le 24 mars 1864

A. WARNIER.

# ERRATA

—

Page 29, au lieu de : *comme Européens* lisez : COMME LES EUROPÉENS.

Pages 46, 47 et 48, au lieu de : *Part des Européens* à la première colonne, et *Part des Indigènes* à la seconde colonne, lisez : PART DES INDIGÈNES (1re colonne), PART DES EUROPÉENS (2me colonne.)

Page 60, au bas, manque la ligne suivante : ÉGALEMENT RESPECTABLE ET SACRÉS A NOS YEUX : CEUX

Page 69, au lieu de : *dispotens*, lisez : DISPOSENT.

Page 70, au lieu de : *kanoun ces Kabyles*, lisez : KANOUN DES KABYLES.

Page 75, au lieu de : *n'avaient pas été juges*, lisez : N'AVAIENT PAS A ÊTRE JUGES.

Page 98, au lieu de : *vivification des erres mortes*, lisez : VIVIFICATION DES TERRES MORTES.

Page 143, au lieu de : *parlmier*, lisez : PALMIER.

# L'ALGÉRIE

DEVANT

# L'OPINION PUBLIQUE

## INDIGÈNES ET IMMIGRANTS

—

### Examen rétrospectif

Pauvre Algérie ! Tu ne demandes, pour prospérer, qu'un peu de stabilité dans les institutions qui te régissent, et voilà que, sous prétexte de faire ton bonheur, on te menace d'une nouvelle réorganisation gouvernementale et administrative.

Ce sont encore les idées exposées dans la brochure anonyme : L'ALGÉRIE FRANÇAISE, *Indigènes et Immigrants*, qui triomphent et nous valent cette crise, hélas ! greffée sur tant d'autres.

La thèse soutenue dans ce manifeste est celle-ci :

« Le vrai paysan de l'Algérie, l'ouvrier agricole, la
» base la plus rationnelle et la plus solide de la pro-
» priété, c'est l'Indigène (page 35).

» L'expérience a prononcé et il faut fermer les yeux
» à la lumière pour ne pas le reconnaître (page 40).

» La colonisation par des Européens présente un
» double anachronisme politique et économique (pa-
» ge 21).

» Si, depuis trente ans, il y a eu enseignement, en
» matière de colonisation, ce n'est que dans le sens
» d'une humiliante négation (page 61).

» La liquidation de la colonisation agricole se fera
» d'elle-même, on peut même dire qu'elle se conti-
» nuera sans qu'il soit besoin d'intervenir (page 68).

» La conclusion obligatoire, pour cette situation,
» conduit à la *civilisation des Indigènes* (page 63),
» en maintenant provisoirement leur organisation so-
» ciale, parce qu'on ne doit pas compromettre l'ordre
» public par un nivellement prématuré ; parce que la
» forme actuelle nous garantit l'impôt et le service mi-
» litaire ; parce qu'en abolissant les nobles habitués à
» commander, les lettrés en possession de l'influence,
» on arrache les masses à leurs plus chères traditions ;
» parce qu'enfin la civilisation aura plus de prise sur
» des groupes constitués que sur des familles épar-
» pillées et livrées aux suggestions d'un individualisme
» désordonné (page 66). »

Nous avons cité textuellement, pour qu'on ne nous accuse pas de dénaturer la pensée de l'auteur.

Sans lui contester le droit de soutenir toutes les hérésies qu'il voudra, nous demanderons compte à l'adversaire de la colonisation agricole de l'Algérie par des Européens, à l'ennemi des institutions civiles, à l'apôtre dévoué de la civilisation des Indigènes par le respect provisoire de leur organisation sociale ; nous lui demanderons compte de l'exactitude des chiffres et des faits qui servent de démonstration à ses propositions, car, il ne peut être permis à qui que ce soit, et encore moins à un fonctionnaire qu'à tout autre, d'inventer des chiffres faux ou de dénaturer des chiffres vrais.

Quand, au commencement de 1863, a paru le nouveau programme qui a séduit tant de personnes, nous n'avions pas à notre disposition les documents officiels permettant d'opposer chiffre à chiffre, fait à fait, assertion à assertion ; mais *le Tableau de la situation de l'Algérie*, pour 1862, vient de paraître et ce gros volume, publié par le Gouvernement général de l'Algérie lui-même, nous permet de mettre la vérité, provisoirement vaincue, en présence de l'erreur temporairement triomphante.

Ceux qu'on a trompés vont savoir à quoi s'en tenir.

## I

Proposition : L'Indigène est seul cultivateur ; le colon cultive peu ou point.

Démonstration : « Les Indigènes cultivent plus de « *cinq millions* d'hectares en céréales (page 50) ;

» L'Etat a concédé approximativement 200,000 » hectares aux Immigrants européens :

» Un tiers (66,666 hectares) a été revendu aux
» Indigènes, avant toute culture ;

» Un second tiers (66.666 hectares), loué aux In-
» digènes, n'attend que des acquéreurs pour être
» aliéné ;

« Nous sommes certainement au-dessous de la vé-
« rité dans l'évaluation de cette retrocession des ter-
« res faite par les Européens aux Indigènes. »

Pour le restant, voici ce qu'ajoute l'auteur de la brochure anonyme :

« Nous négligeons de relever la quantité d'hectares
« qui restent sans cultures entre les mains des conces-
« sionnaires ou des propriétaires (page 50, répété
« page 54.) »

Voyons maintenant ce qu'oppose la statistique officielle à ces chiffres :

En 1862, les Indigènes ont cultivé, céréales et légumineuses comprises, savoir :

| | | | |
|---|---|---|---|
| Blé dur (hectares). . | | 761.696 | 1.912.441 hectares. |
| Orge | id. | 1,088.558 | |
| Maïs | id. | 11.115 | |
| Fèves | id. | 37 652 | |
| Sorgho | id. | 13.420 | |

(Voir *Tableau de la situation de l'Algérie*, pages 198 *et* 199.)

Sur ce premier point, entre le chiffre de la brochure favorable aux Indigènes et les chiffres officiels, il y a une différence en plus de 3,086,559 hectares, c'est-à-dire une *augmentation de plus des trois cinquièmes.*

Poursuivons :

Le relevé général des concessions de terres effectuées depuis l'origine de la conquête comprend une superficie de 407,191 hectares, défalcation faite des concessions frappées de déchéance.

(Voir *Tableau de la situation de l'Algérie*, pages 193 et 194.)

Sur ce second point, entre le chiffre de la brochure défavorable aux colons et le chiffre officiel, il y a une différence en moins de 207,191 hectares, c'est-à-dire *diminution de plus de moitié.*

Augmenter de plus des trois cinquièmes d'un côté, diminuer de plus de moitié de l'autre est une singulière manière de procéder. Si un *mercantil* quelconque (expression consacrée en certain milieu) se permettait de tenir ainsi une balance, la police l'aurait bientôt fait mettre en prison.

Continuons :

Comme les Indigènes, les colons cultivent des céréales, et *le Tableau de la situation de l'Algérie*, pour 1862, les inventorie concurremment avec celles des Arabes. En voici la récapitulation :

| | | | |
|---|---|---|---|
| Blé tendre (hectares) | | 36.175 | 167.171 hectares. |
| Blé dur | id. | 67.474 | |
| Seigle | id. | 463 | |
| Orge | id. | 53.127 | |
| Avoine | id. | 3.343 | |
| Maïs | id. | 1.737 | |
| Fèves | id. | 4 852 | |

Mais les colons ne cultivent pas exclusivement des céréales, ils produisent aussi des tabacs, des cotons, des soies, du vin et des raisins de table, des oranges, de l'huile, de la garance, du lin, des légumes, des fruits, des fourrages etc., etc., et ces cultures spéciales atteignent, nous le verrons, une valeur égale à celle des céréales.

Pour le moment, bornons la comparaison aux cultures communes :

2,761,848 Indigènes cultivent 1,912,441 hectares en céréales, soit 61 ares 10 centiares par tête ;

204,877 européens cultivent 167,171 hectares en céréales, soit 81 ares 15 centiares par tête ;

Différence en plus pour l'Européen : 20 ares 5 centiares, soit *un quart en sus de l'Arabe.*

Mais, si la population indigène est presque exclusivement rurale, la population européenne comporte deux divisions bien distinctes : urbaine et rurale,

En divisant le nombre d'hectares cultivés par le chiffre de la population rurale européenne, 109,808, on trouve que le colon cultive 1 hectare 30 ares par tête, c'est-à-dire *une superficie triple de l'Arabe.*

Si de la superficie nous passons à la comparaison des rendements, voici les résultats constatés dans le *Tableau de la situation de l'Algérie*, page 199 :

2,761,848 Indigènes ont produit 10,855,755 hectolitres, soit 3 hect. 90 par tête ;

109,808 colons ont produit 1,238,429 hectolitres, soit 11 hect. 20 par tête ;

Différence 7 hect. 30 : soit une *récolte trois fois supérieure à celle de l'Arabe.*

Donc, le colon cultive plus et mieux que l'Indigène et la première proposition de la brochure anonyme est erronée.

Mais, nous dit-on, tous ces calculs sont faux, si,

comme le prétend votre adversaire, les Indigènes cultivent, en céréales seulement, *plus de cinq millions d'hectares*, au lieu de 1,912,441 accusés par les statistiques officielles.

Nous savons toutes les raisons qui militent en faveur du chiffre de plus de cinq millions :

Celui qui l'a donné est, depuis trois ans, Conseiller rapporteur près du Conseil du Gouvernement, et, à ce titre, tous les dossiers sont à sa disposition ;

Avant d'être Conseiller, ce haut fonctionnaire a, pendant 20 ans, soit au Ministère de la guerre, soit au Ministère de l'Algérie, été chargé de la direction et du contrôle du service des bureaux arabes ;

Avant d'être chef ou sous-chef du bureau directeur des affaires arabes, il a été interprète de l'armée, et, en cette qualité, il a pris une part active à l'administration des trois provinces : avec le général Gueheneuc, à Oran ; avec le duc d'Aumale, à Médéa ; avec le général Galbois, à Constantine ;

De plus, cet homme est musulman ; il est l'ami intime de la plupart des officiers des bureaux arabes, et ni ses coréligionnaires nouveaux, ni ses coréligionnaires anciens n'ont de secrets pour lui ;

Donc, si quelqu'un est compétent pour connaître le chiffre vrai des cultures indigènes, c'est lui ; et quand il dit qu'elles s'élèvent à plus de cinq millions, c'est que cela est.

Nous comprenons que, devant une autorité qui offre tant de garanties, on ait cru sur parole, cependant de deux choses l'une :

Ou le chiffre de plus de cinq millions est vrai ;

Ou il est faux :

Dans le premier cas, ce chiffre contrôlé par celui de l'impôt sur les cultures arabes, *hokor* et *achour*, attesterait que, de ce chef seulement, les aghas, kaïds et cheikhs indigènes, malgré le contrôle des bureaux arabes, auraient, en 1862, soustrait à l'impôt, des récoltes qui devaient produire un chiffre de *plus de quinze millions*, en sus des recettes effectuées ; et alors on ne s'explique pas qu'un Conseiller du Gouvernement — qui n'a aucun devoir à remplir comme publiciste — se serve de ce chiffre pour démontrer que l'Arabe est un grand cultivateur et ne le signale pas — quand c'est son devoir comme fonctionnaire — pour prouver au Gouvernement que l'Arabe n'est pas aussi soumis à notre domination qu'on le dit, puisque ses chefs peuvent nous soustraire la plus grosse partie de l'impôt, gage de leur soumission ;

Dans le second, on ne comprend pas qu'un fonctionnaire supérieur, qui a en mains tous les éléments de vérification, puisse, même dans l'intérêt d'une cause à défendre, altérer ainsi la vérité ; on comprend encore moins, cela étant, qu'un adversaire partial de la colonisation européenne, reste le rapporteur et le juge de toutes les questions qui intéressent la colonisation.

En toute cause, le droit de récusation du juge est de principe fondamental dans nos lois et constitutions, et nous avons lieu de nous plaindre qu'on n'ait pas encore tenu compte de notre droit de récusation.

Hatons-nous de dire, en terminant la discussion de cette première proposition, que nous tenons pour aussi exactes que possible les listes de culture sur lesquelles l'impôt arabe est établi. Quelques déclarations peuvent être inférieures à la vérité — les motifs de destitution de certains chefs indigènes l'attestent — mais la masse est sincère, quant au chiffre de charrues accusé, et s'il y a dissimulation et fraude, c'est sur la contenance illimitée de la superficie que la charrue peut labourer dans une saison, du commencement d'octobre à fin février. A cet égard, toute liberté est laissée aux Indigènes, car tel qui, avec sa charrue aura ensemencé trente hectares, ne paiera pas plus d'impôt que celui qui aura dû restreindre sa culture à six, inégalité choquante au profit de la minorité aristocratique et au détriment de la masse, mais qui est tolérée et doit l'être jusqu'à ce que l'achèvement du cadastre permette d'appliquer l'impôt proportionnel de superficie.

Monsieur Leblanc de Prebois, ancien député de l'Algérie, officier supérieur d'état-major en retraite, conséquemment autorité plus compétente que le vulgaire pour porter un jugement dans les questions algériennes, émet, dans une *Pétition au Sénat*, l'avis suivant : « que 48 millions d'impôts sont absorbés par la hiérarchie des chefs arabes, khalifats, bach-aghas, aghas kaïds, etc., que nous conservons en fonctions pour maintenir le pays dans l'obéissance. »

L'opinion de M. Leblanc de Prébois semblerait justifier le chiffre de plus de cinq millions de cultures en céréales dénoncé par l'auteur de la brochure anonyme que nous examinons.

Malgré cette confirmation inattendue, nous ne sommes pas convaincu.

Nous dirons à ce sujet à M. Leblanc de Prebois qu'il a un immense service à rendre au pays en éclairant tout le monde sur la question ; nous ajouterons qu'il n'a pas pu affirmer au Sénat, que les Indigènes paient au moins le quintuple de ce qui entre dans les caisses publiques, sans avoir quelques preuves à donner à l'appui de son affirmation.

Enfin, en notre qualité d'ancien électeur ayant jadis voté pour l'élection de M. Leblanc de Prébois à l'Assemblée constituante, nous lui ferons remarquer qu'il doit à la confiance publique dont les colons l'ont honoré, de ne pas abandonner la cause civile au moment où les hommes d'Etat, appelés à décider des destinées de l'Algérie, hésitent entre des assertions contradictoires qui se produisent sans justifications.

Quant à nous, nous en faisons la déclaration solennelle : Nous ne reculerions pas devant la preuve à faire — quelles qu'en puissent être les conséquences — si, après avoir avancé un chiffre, nous étions mis en demeure de le prouver.

## II.

Proposition : Les Indigènes produisent à peu près tout ce qui alimente le commerce. La part des Européens se borne « à la satisfaction des besoins de l'ar-« mée et des fonctionnaires, à quelques opérations sur « les céréales et sur les laines. » (Page 53, brochure anonyme.)

Démonstration : » Dans le chiffre total des expor-« tations de l'Algérie, on trouve :

8,485,040 pour les céréales,
4,767,505 id. laines,
2,653,370 id. bêtes bovines,
2,673,605 id. peaux brutes,

« Céréales, laines, peaux, sont fournies par les Indi-
» gènes. (Page 50, même brochure.)

» Il faut prendre note des millions de ceps de vigne
» (1) récemment plantés par les Indigènes. (Page 51.)

» Si l'on étudie attentivement le caractère de la po-
» pulation européenne en Algérie, on ne tarde pas à
» reconnaître que la fièvre de la spéculation est un
» de ses traits principaux. On citerait difficilement,
» dans les trois provinces de l'Algérie, quelques for-
» tunes dont la spéculation ne soit pas la source.
» (Page 53.)

» Les races européennes ne peuvent se livrer à un
» travail continu sous la température élevée de l'Algé-
» rie. (Page 23.)

» La colonisation n'est qu'une humiliante négation,
» (Page 61.) »

C'est ainsi qu'un Conseiller du Gouvernement apprécie comparativement la puissance productive des deux éléments qui composent la population algérienne: Indigènes et Immigrants.

Nous espérons faire ressortir des chiffres officiels des enseignements plus conformes à la vérité.

(1) Ces vignes plantées *par ordre* et sans l'initiative des Indigènes, n'ont été l'objet d'aucun soin consécutif et ont péri, en grande partie, étouffées par les mauvaises herbes ou tuées par la sécheresse.

Pour rendre notre démonstration plus probante, nous estimerons *en francs* la production et la richesse de chaque élément.

Nos chiffres d'estimation seront pris sur des moyennes générales de plusieurs années, en tenant compte de la valeur réelle de chaque produit.

*Production européenne en 1862*

(CÉRÉALES.)

| | | | | |
|---|---|---|---|---|
| 279.379 | hectol. | blé tendre | à 27 fr. | 7.533.233 f. |
| 473.755 | — | blé dur | à 20 | 9.475.100 |
| 4.024 | — | seigle | à 22 | 88.528 |
| 383.354 | — | orge | à 12 | 4.600.248 |
| 48.468 | — | avoine | à 12 | 727 020 |
| 19.296 | — | maïs | à 15 | 289.340 |
| 30.163 | — | fèves | à 15 | 451.445 |
| | | Total des céréales. . . | | 23 164.914 f. |

(CULTURES SPÉCIALES.)

| | | | | |
|---|---|---|---|---|
| 909.807 | qx 40 | fourrages(1) | à 3 fr. » c. | 2.729.422 f. |
| 3.605.911 | kil. | tabacs | à 0 87 | 3.137.142 |
| 117.082 | kil. | cocons (long. soie) | à 8 f. . | 936.656 |
| id. | | Primes. . . . . . . . | | 308.759 |
| 1.329 | kil. | coton (courte soie) | à 2 fr. . | 2.658 |
| id. | | Primes. . . . . . . . | | 6 067 |

(1) Voici, d'après les statistiques, le nombre d'animaux à alimenter de fourrages :

15.315 chevaux ou mulets de l'armée,
19.905 — — de la population,
50.807 bœufs.

86 027 bêtes.

| | |
|---|---|
| 4.722 kil. cocons (prix payé). . . | 29 312 |
| 43.232 hectol. vin à 100 f. » c. | 4.323.200 |
| 9.236.456 kil. raisin à 0 20 | 1.847.291 |
| 23.472.500 oranges à 0 05 | 1.173.625 |
| Quantité indéterminée — huile d'olive (1). | 2.000.000 |
| 20 000 kil garance à 1 f. . . | 20.000 |
| 231.876 — tiges de lin<br>58.861 — graines de lin } . . . | 132.750 |
| Légumes frais. — Exportation . . . . | 263.522 |
| Id. Consommation locale . | 3.000.000 |
| Fruits frais. — Exportation . . . . . | 146.290 |
| Id. Consommation locale . . | 800 000 |
| 193.899 arbres (pépinieres) . . . . | 56.152 |
| Plantes et graines. . . . . . . . . | 5.359 |
| 63.927 kil. feuil. de palmier nain exp. | 8.293 |
| 1.481.506 — crin végétal exp. à 1 fr. . | 1.481.506 |
| Quantité indéter — joncs et roseaux exp. | 448.126 |
| Total des cultures spéciales : . . . . | 22.856.130 f. |
| Total général des cultures de 1862 : . . | 46.021.044 |

Ce dernier chiffre, divisé par celui de la population rurale européenne, 109,808 âmes, donne une production annuelle de 419 francs par tête.

Nous le répétons, les chiffres des quantités produites sont extraits des tableaux officiels, sauf l'estimation approximative de la consommation locale en légumes et fruits frais.

Voyons ce que donne comparativement la production indigène :

(1) Cet article comprend, indépendamment des olives récoltées par les Européens sur leurs propriétés, celles qu'ils achètent aux Indigènes et dont ils doublent la valeur en extrayant plus d'huile et en lui donnant une qualité supérieure.

## *Production indigène en 1862*

(CÉRÉALES.)

| | | | | |
|---|---|---|---|---|
| 3.776.665 | hectol. | blé dur | à 20 fr. . | 75.533.300 f. |
| 6.493 922 | — | orge | à 12 . . | 77.927.064 |
| 140.301 | — | maïs | à 15 . . | 2.104.515 |
| 216.900 | — | fèves | à 15 . . | 3.241.350 |
| 226.777 | — | sorgho | à 10 . | 2.267.770 |
| | | Total des céréales : | . . . | 161.073.999 |

(CULTURES SPÉCIALES.)

| | | | | | |
|---|---|---|---|---|---|
| 1.105.600 | kil. | tabacs | à » fr. | 87 cent. | 979.272 f |
| 2.000.000 | — | raisins | à » | 20 | 400.000 |
| 3.904.054 | — | oranges | à » | 5 | 195.202 |
| 8.000.000 | lit. | huile | à 1 | » | 8.000.000 |
| 1.000.000 | hectol. | dattes | à 10 | » | 10.000.000 |
| 5.000 000 | kil. | figues | à » | 30 | 1.500.000 |
| Légumes divers. | | | . . . . . | . . . . | 3.000.000 |
| Cultures omises. | | | . . . . . | . . . . | 2.000 000 |
| | | Total des cultures spéciales : | | | 26.074.472 |
| | | Total général des cultures : | | | 187.148.471 |

Ce dernier chiffre, divisé par celui de toute la population indigène, 2,761,848 âmes, donne une production annuelle de 67 fr. 85 c. par tête, quand celle des Européens est de 419.

Le cultivateur européen a donc produit, en 1862, six fois autant que le cultivateur indigène.

Il faut encore ajouter que l'Européen, réputé ne pouvoir se livrer à un travail continu sous la température élevée de l'Algérie, s'empresse, dès que les récoltes lui laissent un instant de répit, d'aller défricher celles de ses terres non encore aménagées, ou prendre part aux travaux publics, routes ou dessèchements, tandis que l'Indigène observe le repos le plus absolu dans les intervalles des ensemencements et des récoltes.

La puissance relative de productivité des Européens ressort bien plus encore de l'inventaire comparé de leur richesse totale.

Nous allons donc le dresser, toujours d'après les derniers documents officiels.

*Richesse des cultivateurs européens en* 1862.

| | |
|---|---|
| 400,000 hectares défrichés à 250 fr. . . . | 100.000.000 f. |
| 200,000 id. à aménager à 100 fr. . | 20 000.000 |
| 20,322 maisons (valeur officielle). . . . | 86.120.247 |
| 20.322 mobiliers à 2,000 fr . . . . . . | 40.644.000 |
| 4,187,035 arbres plantés. . . . . . . . | 10.000.000 |
| 5,103 puits ou norias. . . . . . . . . | 500 000 |
| 50,807 bœufs à 100 fr. . . . . . . . | 5.080.700 |
| 19,251 vaches à 60 fr. . . . . . . . | 1.155.060 |
| 19,905 chevaux ou mulets à 200 fr. . . | 3.981.000 |
| 99,723 moutons à 10 fr. . . . . . . . | 997.230 |
| 23,976 chèvres à 30 fr. . . . . . . . | 719.280 |
| 29,991 porcs à 30 fr. . . . . . . . . | 899.730 |
| 230,220 oiseaux de basse-cour à 1 fr. . . | 230.220 |
| 15,874 charrues à 50 fr. . . . . . . . | 793.700 |
| id. harnais de charrue à 10 fr. . . | 158 740 |
| 7,302 herses à 25 fr. . . . . . . . . | 182.550 |
| 3,694 rouleaux. . . . . . . . . . . | 73.880 |
| 10,637 voitures à 250 fr. . . . . . . . | 2.659.250 |
| id. harnais de voitures à 20 fr. . . | 212.740 |
| 43 moissonneuses à 500 fr. . . . . . . | 21.500 |
| 120 batteuses à 800 fr. . . . . . . . | 96.000 |
| Menu outillage. . . . . . . . . . . | 3.000 000 |
| Armes et engins divers. . . . . . . . | 2.000.000 |
| Effets à usage pour 109,808 âmes. . . . | 10.980.800 |
| Total: . . . . | 290.506.627 f. |

Ce chiffre, divisé par celui de la population rurale

européenne, 109,808 âmes, donne une moyenne de richesse de 2,645 fr. par tête.

N'oublions pas que la colonisation européenne date de 20 ans à peine et que, d'année en année, la richesse des colons s'accroît par l'immobilisation des épargnes sur le sol.

Comparons maintenant la richesse des Indigènes, maîtres du pays depuis des siècles, détenteurs de la presque totalité des terres, dotés des mille vertus qu'on leur attribue : économie, sobriété, santé, force, expérience, intelligence, etc.

Les statistiques officielles seront encore notre guide.

*Richesse totale des Indigènes.*

| | | | |
|---|---|---|---|
| 2,000,000 hectares à | 200 fr. | ...... | 400.000.000 f. |
| 2,000,000 — | 100 | ...... | 200.000.000 |
| 4,000,000 — | 50 | ...... | 200.000.000 |
| 2,000,000 — (1) | 10 | ...... | 20.000.000 |
| 1,500,000 oliviers (2) | 60 | ...... | 90.000.000 |
| 1,000.000 palmiers | 60 | ...... | 60.000.000 |
| 500,000 figuiers | 30 | ...... | 15.000.000 |
| 436,328 chevaux | 100 | ...... | 43.632.800 |
| 109,069 mulets | 100 | ...... | 10.906 900 |
| 213,321 chameaux | 100 | ...... | 21.332.100 |
| 300.000 ânes | 15 | ...... | 4.500.000 |
| 1,031,738 bœufs ou vaches à | 75 | ...... | 77.380.350 |
| 6,850,205 moutons | 6 | ...... | 41.101.230 |

(1) Défalcation faite de 600,000 hectares appartenant aux colons, de 1,800,000 hectares en forêts reconnues en 1862, des lacs, lits des rivières et rochers, les Indigènes ne peuvent pas être réputés posséder plus de dix millions d'hectares dans le Tell.

(2) La valeur des arbres a été déterminée sur leur revenu annuel, capitalisé au denier dix.

| | | | |
|---|---|---|---|
| 3,484,902 chèvres à | 10 fr. | . . . . | 34.849.020 f. |
| 35,860 maisons | 2,000 | . . . | 71.720.000 |
| 140,000 cases kabyles | 500 | . . . | 70.000.000 |
| 150 000 tentes arabes | 300 | . . . | 45.000 000 |
| 100,000 gourbis arabes (1) | 30 | . . . | 3 000.000 |
| 35,860 mobiliers de maisons à 1,000 fr. | | . | 35 860.000 |
| 390,000 mobiliers de tentes, gourbis, cases à 500 fr. | | . . . . . . . . . . . . . | 195.000 000 |
| 4,000,000 volailles à 0 fr. 50 c. | | . . . . . | 2.000.000 |
| 390,000 outillages à 20 fr. | | . . . . . . | 7 800.000 |
| 191,244 charrues et harnais à 20 fr. | | . . . | 3.824.880 |
| 2,761.848 effets à usage à 50 fr.. | | . . . . | 138.092.400 |
| 50,000 selles et harnais à 100 fr. | | . . . . | 5.000.000 |
| 500,000 armes à 50 fr. | | . . . . . . . . . | 25.000.000 |
| 500,000 réserves poudre et balles à 10 fr. | | . | 5.000.000 |
| Part faite à l'erreur et à l'imprévu. | | . . . . | 172.000.320 |
| | Total. | . . . . | 2.000.000.000 f. |

Ce gros chiffre de deux milliards, en nombre rond, divisé par celui de la population indigène, 2,761,848 âmes (citadins, oasiens, Arabes des tribus compris) donne une moyenne de richesse de 724 fr. par tête, quand celle du colon rural est de 2,645 :

Si, dans l'estimation de la fortune des Européens, nous avions compris la popnlation urbaine, avec sa richesse mobilière et immobilière, avec son avoir commercial et industriel, la différence eût été bien plus écrasante ; car la richesse urbaine des Européens est peut-être égale à celle de toute la population indigène.

Nous avons tenu à n'établir de parallèle qu'entre les deux éléments ruraux : Indigènes et Immigrants, parce que le colon agricole est seul contesté.

(1) Le nombre d'habitations a été calculé d'après le chiffre de la population, à raison d'une moyenne de 6 à 7 habitants, par tente, gourbi ou case.

Au grand détriment de l'Algérie, il n'y a pas la proportion normale entre les deux grandes divisions de la population européenne, urbaine et rurale, car cette dernière classe devrait être dix fois plus nombreuse que la première, attendu qu'en l'état la population commerciale et industrielle de nos villes suffirait aux besoins d'un million de colons cultivateurs.

Mais l'élément européen n'est pas coupable de cette disproportion ; car, pour que la population agricole se développe, il faut des terres, et les Indigènes ne peuvent pas plus vendre celles qui leur appartiennent que le Domaine ne peut encore disposer de celles qui figurent sur ses sommiers de consistance.

Résumons les faits importants constatés ci-dessus :

Le cultivateur européen, accusé de ne pouvoir *se livrer à un travail continu sous la température élevée de l'Algérie*, a produit. en 1862, par ses récoltes, sans compter le salaire de ses autres travaux, six fois autant que l'Indigène, proclamé le seul apte à tirer des produits du sol algérien ;

Le colon européen, le martyr de *l'humiliante négation de la colonisation*, de cette colonisation *qui continue à se liquider d'elle-même, sans qu'il soit besoin d'intervenir*, cet homme, déclaré en faillite par un Conseiller du Gouvernement, possède une fortune mobilière et immobilière égale à trois fois et demi celle de l'Indigène au profit duquel on propose de renoncer à la colonisation de l'Algérie par des Européens.

Nous savons qu'en comité secret, mais non au grand jour, la société occulte *Aide toi, le Ciel t'aidera*, contestera l'exactitude de nos estimations comparatives ;

nous permettons à ses meilleurs comptables de soumettre nos appréciations à tel contrôle qu'ils voudront, de combler toutes les lacunes de l'inventaire de la richesse indigène, nous l'autorisons même à assigner une valeur à la vermine, aux dartres, à la teigne, à la lèpre, à la syphilis constitutionnelle, au scrophule, qui, soit isolément, soit collectivement, atteignent les deux tiers de la population indigène, l'empêchent de prendre un repos indispensable après le travail, et qui, joints l'insuffisance de nourriture, paralysent toutes les forces de cette malheureuse population ; oui, nous nous sentons sur un terrain assez solide pour permettre toutes les exagérations qu'on voudra, à condition qu'on détaille les ressources, article par article, et, après ces larges concessions, il ne restera pas moins démontré et prouvé que la puissance productive du cultivateur européen est égale à dix fois celle du cultivateur indigène.

En présence d'autres résultats, qui n'ont pas plus d'importance au point de vue de l'honneur national, l'auteur de la brochure dont nous réfutons les erreurs dit, page 60 :

« Voilà des faits qui frappent un chef d'Empire et » lui révèlent l'utilité de l'annexion de l'Algérie ; voilà » un intérêt général, national, qui vaut d'avoir été » payé par des sacrifices d'argent et d'hommes. L'his- » toire enregistrera ces preuves de l'influence exercée » par la France (1) sur les destinées de l'Algérie. »

(1) Par politesse, nous croyons devoir mettre la France avant l'Algérie. En raison de ce motif, l'auteur anonyme nous pardonnera cette modification apportée à son texte.

Certes, *si l'Empereur savait*, il serait frappé de voir que des Français, qu'on dit inhabiles en matière de colonisation, ont si bien démontré en Algérie leur supériorité sur les Indigènes ; mais l'Empereur ne saura pas !!!

L'auteur de l'ALGÉRIE FRANÇAISE (*Indigènes et Immigrants)* a trouvé toutes portes ouvertes et les recommandations les plus puissantes pour l'accession de sa brochure au pied du trône et sa prise en très-grande considération. Après le refus d'une audience fait, l'année dernière, aux délégués de 118,804 franco-algériens, pouvons-nous espérer que la vérité pourra enfin avoir la même faveur que l'erreur intéressée. Ne perdons pas courage : « *Mohammed*— comme disent nos braves soldats dans leurs jours de misère — « *Mohammed, le prophète des musulmans, ne sera pas toujours de semaine.* »

Quand le Dieu des chrétiens de l'Algérie franchira la Méditerranée, IL apprendra à nos hommes d'Etat que les Indigènes continuent à être dans des conditions économiques qui ne leur permettent pas de produire plus, et que le remède à leur impuissance consiste à les autoriser à avoir un peu plus de rapports avec les colons, au lieu de chercher à créer entr'eux un antagonisme qui, heureusement, ne se produira pas ; car tous les colons, sans exception, dans leur propre intérêt, s'efforcent d'entretenir de bonnes relations avec leurs voisins indigènes. Déjà la masse des prolétaires sollicitent leur admission dans nos établissements, sachant bien qu'ils y trouvent, avec de bons salaires quotidiens, bonne foi, réciprocité de bons offices, même une fraternité inconnue des Arabes dans leurs rapports entr'eux.

### III

Proposition : « La colonisation agricole de l'Algérie, par des bras européens, exige des sacrifices considérables en hommes et en argent, sans aucune compensation pour l'Etat ; la colonisation agricole de l'Algérie, par des bras indigènes, ne coûte rien au trésor et indemnise la France des dépenses de la conquête.

Démonstration : « Depuis 32 ans la France a dépensé en Algérie soixante millions par an.

« On a évalué la perte en hommes jusqu'à 25,000 par an ; prenons seulement le chiffre annuel de 15,000, c'est 480,000 âmes pour la période de 32 années. L'armée a supporté d'abord la grosse part de cet holocauste ; depuis, c'est la population civile qui paye à la mort le tribut le plus considérable. » (Page 47, brochure anonyme.)

« Incessamment sollicité par les exigences de la colonisation, l'Etat perd son temps et ses forces, *dans une œuvre stérile.*

« Ouvrez le budget de 1862, l'Etat dépense :

« *Pour* 200,000 *Européens*,

| | | |
|---|---|---|
| « Administration centrale. . . . . . | fr. | 603,700 |
| « Administration générale et provinciale. . | | 2,598,100 |
| « Services financiers. . . . . . . . . | | 2,713,865 |
| « Colonisation et topographie. . . . . | | 2,849,150 |
| « Travaux publics. . . . . . . . . | | 6,787,700 |
| Soit, par tête, environ 8 fr. | fr. | 15,552,515 |

« *Pour* 2,500,000 *Indigènes*,

| | | |
|---|---|---|
| « Services indigènes. . . . . . . . | fr. | 1,084,500 |
| « Justice, culte, instruction publique. . . | | 372.000 |
| Soit, par tête, moins de 75 centimes . | fr. | 1,456,500 |

« Tous ces chiffres sont significatifs, et l'on peut les commenter aisément. » (Pages 20 et 21.)

« Il faut, en outre, que les Indigènes payent l'impôt et qu'ils contribuent à augmenter les ressources et les forces de la patrie. » (page 13).

| | | |
|---|---|---|
| » Depuis la fin de la guerre (1848), les Indigènes ont payé en impôts. . . . . . . . . . . | fr. | 180.000,000 |
| » Antérieurement à 1848. . . . . . . | | 80,000,000 |
| » Leur part de produits de douanes et autres. . . . . . . . . . . . . . | | 96,000,000 |
| Total. | fr. | 256,000,000 |

» Sans compter la partie des impôts indigènes qui a toujours été retenue pour les besoins locaux et abandonnés soit aux provinces, soit aux communes » *pour les besoins de la colonisation européenne*, sous entendu. (Page 48).

« Les Immigrants ne payent pas d'impôt foncier ;

» La loi du recrutement ne leur est pas appliquée ;

» Les taxes pour l'enregistrement et le timbre sont réduites de moitié ;

» La contribution des patentes est aussi plus légère qu'en France. (Page 50.)

». Les Indigènes sont donc des contribuables dont les charges allègent les sacrifices de la mère-patrie ;

(sans doute, celles qu'impose la colonisation européenne) et l'on voudrait les remplacer par une population qui a besoin d'appliquer à ses besoins spéciaux toutes les contributions qu'elle s'impose, plus une grande partie de celles payées par les Indigènes ! » (Page 18.)

Le réquisitoire contre la colonisation européenne et en faveur de la colonisation indigène est complet. Loin d'en atténuer la puissance, nous nous sommes, au contraire, efforcé de mettre en relief tous ses côtés forts, sans changer un mot du texte, mais en donnant à chaque argument une place méthodique.

Ici, du moins, nous avons l'avantage de ne pas nous trouver en présence d'une opinion personnelle ; ce que M. le Conseiller du Gouvernement répète, après tant d'autres, dans sa brochure anonyme, nous l'avons entendu dire et répéter cent fois, par les généraux, colonels et autres officiers qui administrent le territoire militaire et la population indigène, — si ce n'est en ce qui concerne le colon, — du moins en ce qui est relatif au bon marché de l'administration indigène comparé aux bénéfices que donne l'impôt arabe.

Nous sommes donc heureux de pouvoir prendre, une fois pour toutes, corps à corps, de grosses hérésies et d'en démontrer les côtés vulnérables.

Le sujet étant important, nous examinerons, une à une, chacune des sous-propositions que contient la proposition principale, et, pour refuter les mensonges et les erreurs accrédités, nous ne nous servirons encore que des documents officiels.

## A. Ce que coûte l'Algérie à la France en 1862

Ouvrons les Budgets des recettes et des dépenses :

| | Dépenses. fr. | c. | Recettes. fr. | c. |
|---|---|---|---|---|
| Budgets de l'Algérie (Etat). | 17.325.015 | » | 17.515.315 | » |
| — provinciaux . | 8.151.176 | 55 | 8.151.176 | 55 |
| — communaux . | 6.031.510 | » | 8.000.000 | » |
| — locaux . . . | 387.693 | 11 | 459.289 | 77 |
| Centimes additionn. territoire civil. | 183.787 | 40 | 183.787 | 40 |
| Centimes additionn. — milit. | 2.257.038 | 83 | 2.458.387 | 43 |
| Budg. du Minist. de la just. | 870.000 | » | — | |
| — de l'instr. publ. | 238.400 | » | — | |
| — des cultes. . | 885.000 | » | — | |
| — finan. (douanne) | 1.052.615 | » | — | |
| — de la guerre. / — de la marine. | 50.000.000 | » | — | |
| Totaux. . | 87.380.265 | 89 | 36.771.950 | 15 |

Excédant des dépenses. 50.608.315 fr. 74 cent.

Voir *Tableau de la situation de l'Algérie*, pages 70, 71, 72 (1).

Abstraction faite des dépenses de l'armée, les recettes de l'Algérie couvrent donc ses dépenses à *six cent mille francs près*; mais, si l'on admet en compensation de cet excédant la valeur des travaux publics exécutés et qui restent la propriété de l'Etat, c'est-à-dire du Trésor français, savoir :

| | |
|---|---|
| Par les Ponts-et-Chaussées. . | 9.031.632 fr. |
| Par les Batiments civils. . . | 1.805.523 |
| Par le Génie militaire. . . | 1.971.477 |
| Total. | 12.808.632 fr. |

(1) Les divers états que contiennent ces pages ont été dressés d'après les prévisions des recettes et des dépenses; ils diffèrent de ceux dont nous donnerons ultérieurement le dépouillement d'après les recettes et les dépenses réelles.

Alors, non seulement l'Algérie ne coûte plus rien à la France, mais encore lui donne, sur ses propres recettes, des travaux qui agrandissent son domaine public, sa richesse nationale.

Voilà la vérité, la vraie vérité : compter autrement est une erreur économique.

## B. A quel intérêt, la dépense de l'armée doit-elle être imputée ?

Depuis 1830, le chiffre de l'effectif de l'armée d'occupation a souvent varié, mais la moyenne est de 60,000 hommes environ.

Il n'est jamais venu à l'idée de personne de penser que cet effectif moyen ait été nécesssaire pour la police de la population coloniale européenne, une légion de gendarmerie suffisant à ce besoin.

Jusqu'en 1854, la France, en paix avec toutes les puissances, n'a pas non plus entretenu en Algérie une armée aussi considérable, pour l'y exercer aux manœuvres et aux fatigues militaires ; les camps de Saint-Omer, de Fontainebleau, de Châlons, paraissaient même une superfluité aux esprits pacifiques du temps.

Donc, jusqu'au moment de la guerre de Crimée, c'est-à-dire jusqu'à complète soumission de toutes les tribus arabes, kabyles, sahariennes et autres, un effectif militaire imposant n'a été nécessaire que pour vaincre les résistances toujours renaissantes des Indigènes et, en bonne justice, les dépenses que la conquête a exigées ne peuvent être imputées qu'à eux.

En Crimée on a reconnu la supériorité des troupes

de l'armée d'Afrique, et si, depuis le traité de Paris qui a mis fin à la guerre, le Gouvernement a doublé l'effectif de 25 à 30,000 hommes avec lequel M. le maréchal Randon a maintenu la tranquillité de l'Algérie pendant toute la durée de la campagne d'Orient, c'est, nous le reconnaissons, beaucoup plus dans un intérêt franco-européen que dans un intérêt franco-algérien.

Cela étant, en 1862, la dépense de *cinquante millions* que coûte l'armée d'Afrique doit être imputée ainsi qu'il suit :

*Dix millions*, pour la défense propre de notre établissement colonial, protection et police des colons, garde des places maritimes, sacrifice compensé pour la métropole par un chiffre de 12,808,632 fr. de travaux publics exécutés sur les recettes de la colonie et qui augmentent d'autant, chaque année, la richesse générale de la France ;

*Vingt millions*, pour le maintien de l'ordre au milieu des tribus indigènes ;

*Vingt millions*, pour l'entretien sur le pied de guerre d'une force militaire toujours à la disposition de la mère-patrie pour toutes les éventualités qui peuvent se présenter : Crimée, Italie, Syrie, Chine, Cochinchine, Sénégal, Mexique et autres que les nuages de l'horizon politique dérobent à notre connaissance.

D'après cette répartition, la colonisation qu'on dit si onéreuse à la France, seule, ne lui coûte rien.

Si, de la situation en 1862, nous remontons à 1830, pour savoir à qui doit être imputé la dépense de la conquête et de la domination de l'Algérie, voici ce que nous trouvons ;

*Au* DÉBET *des indigènes,*

| | |
|---|---|
| De 1830 à 1854 (60,000 hom. par an. . | 1.440.000.000 f. |
| De 1854 à 1864 (20,000 hom. par an). . | 200 000.000 |
| Total. . . | 1.640.000.000 f. |

*Au* DÉBET *de la sécurité de la France,*

| | |
|---|---|
| De 1854 à 1864 (20,000 hom. par an). . | 200.000.000 f. |

Nous ignorons si les Indigènes rembourseront jamais à la France l'énorme somme qu'elle a dépensée pour leur imposer la paix et l'ordre et celles à dépenser encore pour les civiliser — car Dieu seul le sait — mais nous constaterons immédiatement, afin que nul ne l'ignore, qu'indépendamment de la dépense annuelle de vingt millions qu'exige le maintien de notre domination sur une population soumise, mais non encore assimilée, l'intérêt de la somme d'un *milliard six cent quarante millions*, à 5 p. 0/0 seulement, s'élève à *quatre-vingt-deux millions* et que l'indigénat pour être, vis-à-vis de la métropole, dans les mêmes conditions que la colonisation européenne, devrait fournir un impôt annuel de CENT MILLIONS au lieu d'un total de *dix-neuf millions* environ en ajoutant aux recettes du trésor, celles versées aux budgets des provinces, des localités non érigées en communes, des centimes additionnels et des recettes à charge des remboursements.

Les comptes, *en argent*, de l'Algérie avec la France se trouvant désormais réglés comme ils doivent l'être, passons au règlement de l'hécatombe humaine sacrifiée annuellement au minotaure de la colonisation européenne.

## C. Ce qu'a coûté l'Algérie, en hommes, en 1862.

A en croire les adversaires de la colonisation européenne, le climat de l'Algérie, inhospitalier pour les races européennes, dévore soldats et colons, hommes, femmes, enfants. Ils veulent bien, les honnêtes gens ! nous faire grâce d'une perte de 25,000 hommes par an, pour s'en tenir à une consommation annuelle de 15,000 âmes.

Heureusement, en matière d'Etat-Civil, les registres de l'administration militaire pour l'armée et des municipalités pour les civils, sont tenus avec la même régularité qu'en France. Voici les résultats qu'ils constatent : (Voir *Tableau de l'Algérie*, page 69.)

Sur un effectif de 51,646 hommes (défalcation faite des troupes fournies aux corps expéditionnaires du Mexique et de la Cochinchine) l'armée a perdu, en 1862 un total de 645 hommes.

Sur 204,877 individus, la population européenne de l'Algérie a perdu, en 1862, un total de 5,903 âmes, ensemble : 6,548 au lieu de 15,000.

Mais, heureux revers de la médaille, il y a eu, en 1862, 8,648 naissances et l'holocauste annuel de 15,000 âmes se transforme en une reproduction de 2,100, en comprenant l'armée dans la population européenne, et de 2,745, en limitant la comparaison des naissances et des décès à la seule population civile.

Ainsi, voilà un climat qu'on proclame, à grand renfort de belles phrases, meurtrier pour les races européennes et qui les traite de telle façon qu'avant un siècle la population actuelle se sera accrue, sans le concours de l'immigration, dans une telle proportion, qu'elle égalera le chiffre actuel de la population indigène qui, elle, au contraire, semble suivre une loi inverse de reproduction.

En effet, sur 338,760 Indigènes musulmans des villes, soumis aux déclarations de l'Etat Civil comme Européens, le chiffre des décès constatés en 1862 s'élève à 12,562, pour 10,166 naissances, d'où perte de 2,396 âmes.

Ainsi, pendant que, dans le même milieu, sous le même régime, l'Européen inacclimaté gagne 2,745, l'Indigène acclimaté perd 2,396.

L'excédant des décès sur les nasisances chez les Indigènes musulmans soumis au contrôle d'une administration régulière n'est pas un fait exceptionnel à l'année 1862. Depuis que l'Etat Civil musulman est créé dans nos villes, on fait chaque année les mêmes constatations.

Si l'équilibre n'est pas rétabli dans les tribus par un excédant de naissances, — et tout indique qu'il n'en est pas ainsi, car depuis des siècles cette population est stationnaire, si elle n'est pas en décadence ; — il devient facile de prévoir que l'Indigène musulman ne sera qu'une exception en Algérie, quand la population européenne, par le seul excédant régulier, normal, de ses naissances, pourra le remplacer en nombre et le décupler en activité.

Et l'on voudrait que la race féconde cédât la place à la race qui s'éteint !! Non... Non... Dieu ne le veut pas.

Quand, il y a un siècle, le Canada passa des mains de la France en celles de l'Angleterre, il y avait 30,000 colons français, vis-à-vis desquels la race anglo-saxonne éleva les mêmes prétentions que celles aujourd'hui en faveur en Algérie au nom de la race indigène. En 1864, les colons, fils de Français au Canada, atteignent le chiffre d'un million, et si la loi de leur développement, par l'excédant des naissances sur les décès, continue à se maintenir comme par le passé, le Canada sera bientôt peuplé principalement par des Français.

Et il en sera de même en Algérie, quels que soient les obstacles apportés au développement de la colonisation.

## D. — Parts afférentes aux Européens et aux Indigènes dans les recettes et les dépenses de l'Algérie.

D'après les adversaires de la colonisation, les impôts indigènes non seulement allégeraient les charges de la France, mais encore pourvoyraient, pour une grande partie, à doter de ressources supplémentaires l'entreprise stérile des Européens. Nous, au contraire, nous prétendons que les impôts payés par les colons, comparés à ceux des Indigènes, sont énormes ; que, dans l'état actuel des choses, ils suffisent aux besoins de la colonisation ; que même, l'œuvre capitale du pays, avec le même chiffre de ressources, serait plus largement dotée, si les complications de la question indigène ne venaient sans cesse détourner de leur destination naturelle des crédits qui s'éparpillent sans profit pour personne. Nous allons le démontrer en décomposant les articles des divers budgets et en en faisant l'attribution à qui de droit.

Commençons par les budgets des recettes.

## RECETTES.

Cinq services concourrent en Algérie à la perception ou au recouvrement des impôts :

Le service des domaines et de l'enregistrement,

Le service des contributions diverses,

Le service des postes,

Le service des télégraphes,

Le service des recettes municipales, avec la douane pour auxiliaire, en ce qui concerne la perception de l'octroi de mer.

De ces cinq services, un seul, celui des contributions diverses, encaisse les *impôts* exclusivement *indigènes*, et le dénombrement de ses perceptions, pour le compte des différents budgets, indique l'origine et la nature des recettes. Les autres services, plus généralement en rapport avec des contribuables européens, ne distinguent pas, dans le compte rendu de leurs opérations, entre les recettes d'origine européenne et celles d'origine indigène. Nous devrons faire cette division, sans base certaine, c'est-à-dire sans le contrôle des documents officiels, mais nos attributions seront toujours motivées et justifiées, et, dans le cas de doute, nous ferons toujours pencher la balance du côté des Indigènes.

## Impôts indigènes.

Nous ne suivrons pas, dans le classement de ces impôts, la méthode officielle, par budgets, beaucoup trop compliquée pour des lecteurs ordinaires et dont le moindre défaut est de ne pas se prêter facilement à l'analyse; nous préférons la méthode plus rationnelle du classement de ces impôts d'après leur fixité.

Nous distinguerons ces impôts en :

*Contributions principales*, reposant sur des bases fixes, connues et certaines, dans de certaines limites ;

*Contributions accessoires*, subordonnées aux besoins à satisfaire ;

*Contributions accidentelles*, c'est-à-dire éventuelles, et dont nous devons désirer la diminution dans l'intérêt de notre domination ,

*Contributions générales*, représentant la part que les Indigènes peuvent prendre, accidentellement, dans les impôts directs ou indirects plus spécialement européens.

Afin qu'on puisse contrôler nos attributions, nous aurons toujours soin d'indiquer, pour référence, à quels documents officiels nous empruntons nos chiffres. (Voir *Tableau de la situation de l'Algérie*, en 1862, pages 345, 346, 347 et 348.)

*Contributions principales:*

6.036.383 f. 39 c. Revenus du trésor : tabl. A. chap. III.
6.015.848 64 Revenus provinciaux : tabl. B., chap. Ier, art. 5.

| | | |
|---|---|---|
| 1.409 041 f. | 72 c. | Recettes à rembourser (1); tabl. D, chap., VI. |
| 42.680 | » | Revenus provinciaux ; tabl. B, chap. Ier, art. 9 |
| | | *Contributions accessoires :* |
| 3.058.611 | 49 | Recettes à rembourser (2) ; tabl. D, chap. II et III. |
| 148.548 | 70 | Recettes à rembourser(3); tabl. D. chap. VIII. |
| 209.346 | 24 | Recettes locales (marchés); tabl. C, chap. Ier. art. 11. |
| | | *Contributions accidentelles :* |
| 516.272 | 99 | Revenus provinciaux (amendes) ; tabl. B, chap. Ier, art. 6, 7 et 8. |
| 180.109 | 50 | Recettes à rembourser (4) ; tabl. D, chap. VII. |
| 2.500 | » | Revenus du trésor (prises sur l'ennemi) ; tabl. A, chap. IV, art. 6. |
| 155.840 | 80 | Revenus du trésor (contrib. de guerre) : Tabl. A, chap. IV, art. 7. |
| | | *Contributions générales:* |
| 1.517.684 | 18 | Taxes communes aux Indigènes et aux Européens. |
| 19.292 817 f. | 15 c. | |

Le chiffre total des contributions arabes, divisé par celui de la population indigène, 2,761,848 âmes, donne par tête 7 fr. 70 cent.

### Impôts européens.

Examinons comparativement les charges qui pèsent sur la population européenne.

(1) Taxes des canaux d'irrigation.

(2) Pour les travaux en territoire arabe et la police du même territoire.

(3) Abonnements au *Mobacher*.

(4) Parts allouées aux chefs indigènes sur les amendes frappées par eux.

*Impôts exclusivement européens :*

(ENREGISTREMENT ET DOMAINES.)

| | | |
|---|---|---|
| 466.395 f. | 63 c. | Revenus du trésor § 4 ventes mobilières |
| 74.976 | 64 | id. § 5 établis. spéciaux. |
| 163.040 | 24 | id. § 6 forêts, pêche. |
| 6.683 | 99 | id. § 7 pensions civiles. |
| 343.455 | 57 | Revenus provinciaux § 1 et 2. |
| 3.464 | 74 | Revenus locaux § 1 et 2. |

(CONTRIBUTIONS DIVERSES.)

| | | |
|---|---|---|
| 20.639 | 92 | Revenus du trésor (mines) : tabl. A, chap. 1er, art. 2. |
| 1.633.595 | 39 | Revenus du trésor : tabl. A, chap. II, art. 1, 2, 3, 4, 5, 6, 7, 8, licences, etc. |
| 3.214 | 23 | Revenus du trésor : tabl. A, chap. IV, art. 8, 9, 10. |
| 1.995 | 50 | Revenus du trésor : tabl. A, chap. V, amendes. |
| 901.675 | 16 | Revenus provinciaux : tabl. B, chap. Ier, art. 10, 11, 12 13 et 14. |
| 17.569 | 17 | Revenus provinciaux : tabl. B, chap. II. |
| 112.371 | 63 | Recettes à rembourser : tabl. D, chap. IV et V. |
| 24.526 | 13 | Recettes à rembourser : tabl. D, chap. IX. |
| 3.793.603 f. | 94 c. | |

*Impôts principalement européens, accessoirement indigènes.*

(ENREGISTREMENT ET DOMAINE.)

| | | | |
|---|---|---|---|
| 1.504.197 f. | 45 c. | Revenus du trésor. | § 1er. enregistrement, greffe, hypothèques. |
| 972.150 | 50 | id. | § 2, timbre. |
| 2.126.483 | 19 | id. | § 3, produits des domaines. |
| 178.154 | 70 | id. | § 4, produits divers. |

(CONTRIBUTIONS DIVERSES.)

| | | |
|---|---|---|
| 818.049 f. | 98 c. | Revenus du trésor, locaux et à rembourser: Tabl. A, chap. Ier, art. 4 ; Tabl. C, 1er, et 2e sect., chap. Ier; Tabl. D, chap. 1er, patentes. |
| 57.139 | 99 | Revenus du trésor; Tabl. A, chap. IV, art. 1, 2, 3 et 4. |
| 74.024 | 04 | Revenus locaux: Tabl. C, sect. 1re et 2e, chap. Ier, art. 2, 3, 4, 5, 6, 8 et 9. |
| 223.372 | 51 | Revenus locaux: Tabl. C, sect. 1re et 2e, chap. Ier, art. 12, 13, 14 et 15. |
| | | (POSTES.) |
| 884.109 | 48 | Recettes de toute nature. |
| | | (TÉLÉGRAPHE.) |
| 338.660 | 68 | Taxes des dépêches. |
| | | (RECETTES MUNICIPALES.) |
| 8.000.000 | 00 | Octroi de mer, taxes des loyers, sur les chiens, prestations. |
| 15.176.341 f. | 82 c. | |

Cette somme est à attribuer pour un *dixième* aux 167,541 Indigènes des communes de plein exercice, proportion adoptée par l'administration pour la répartition de l'octroi de mer et qui nous paraît légitime.

Après réduction d'un dixième porté ci-dessus aux impôts arabes, au titre *contributions générales*, reste :

| | |
|---|---|
| | 13,658,707 f. 64 c. |
| laquelle somme additionnée avec des impôts exclusivement européens | 3,793,603 94 |
| donne un total de. . . | 17,452,311 f. 58 c. |

Ce total, divisé par le chiffre de la population européenne, 204,877, donne, par tête, 85 francs 15 centimes, quand chaque Indigène ne paye que 7 fr. 70 c.

La réunion des deux totaux des impôts payés :

| | |
|---|---|
| Par les Indigènes. . . . | 19,292,817 f. 15 c. |
| Par les Européens. . . . | 17,452,311 50 |
| Donnent la somme de. . . | 36,745,128 f. 65 c. |

chiffre égal, à 26,821 fr. 50 c. près, à celui donné précédemment comme représentant les recettes totales de l'Algérie en 1862. Cette différence doit tenir à une erreur, que nous ne recherchons pas, parce qu'elle ne peut modifier les résultats généraux, les seuls que nous tenons à préciser.

Nous préférons justifier nos imputations, afin de ne pouvoir être accusé de partialité par nos adversaires.

Pour les impôts indigènes, autres que les *contributions générales*, nous avons servilement copié ou résumé les tableaux du service des contributions diverses.

Pour les *impôts* européens, nous ne pensons pas qu'on conteste ceux que nous avons mis *exclusivement à la charge des colons* : seul, l'article *forêts* pourrait, en raison de la situation de cette matière imposable, donner lieu à quelque revendication.

A ce sujet, nous dirons pour notre justification :

Au 31 décembre 1862, il avait été fait concession à des Européens, savoir :

| | |
|---|---|
| En chênes-liéges (pour 99 ans) | de 151,039 hect. |
| En chênes zéens (pour 18 ans) | de 17,955 id. |
| En oliviers (à long terme). . . | de 6,336 id. |

Sur les exploitations de chênes liéges seulement, les concessionnaires avaient dépensé 3,151,154 francs ;

D'après les cahiers des charges, ces concessions, pendant la durée du privilége qu'elles confèrent, devaient produire à l'Etat une somme de revenus s'élevant à la somme de 44,220,884 francs ;

Mais, à l'automne 1865, malgré la pénalité édictée par M. le Gouverneur général, le 21 juillet 1861, contre les Indigènes incendiaires de broussailles, des feux allumés sur mille points à la fois, ont détruit une grande partie des espérances de l'Etat et dévoré, dans une proportion considérable, le fruit du travail et des dépenses des concessionnaires européens.

En matière de revenus forestiers, nous ne pouvons donc porter au compte des Indigènes que la part de responsabilité, si minime qu'elle soit, leur incombant dans les incendies trop fréquents qui compromettent l'existence de la plus grande richesse de l'Algérie. (Voir *Tableau de la situation*, en 1862, pages 319 et 320.)

Nous sommes obligé d'entrer dans plus de détails pour la catégorie d'impôts que nous avons nommée : *impôts principalement européens et accessoirement indigènes*, car nous devons passer en revue une grande partie de la matière imposable, directe ou indirecte.

*Enregistrement* : L'auteur de la brochure anonyme que nous réfutons semble reprocher au colon la faveur de ne payer que demi droit d'enregistrement ; mais « les actes concernant les Indigènes du territoire mili-« taire ne sont enregistrés que lorsqu'il en est fait

« usage, par acte public ou devant une autorité. » (Art. 56 du décret du 31 décembre 1859.)

Cependant, si nous voulons moraliser les Indigènes, surtout, si l'on veut obtenir du sénatus-consulte constitutif de la propriété dans les tribus, les résultats qu'on en attend, il est d'absolue nécessité que les actes arabes soient enregistrés comme ceux des notaires; autrement nous laissons la porte ouverte à toutes les fraudes possibles, et l'exemption de l'enregistrement devient une prime d'encouragement au mal.

Sur 5,376 ventes immobilières effectuées entre particuliers, en 1862, et s'élevant en capital à 18,028,704 francs et en rentes à 296,681 fr., opérations qui ont donné lieu à perception de droits d'enregistrement, les Indigènes apparaissent comme de rares exceptions; car, trop riches en terres pour en acheter aux Européens, ils n'ont pas même le droit de leur vendre celles qu'ils ont en trop.

*Greffe*: La part des Indigènes dans les versements faits au trésor par les greffes doit être minime, car, en général, ceux que la justice atteint, ou sont des misérables ou des fripons très-habiles à mettre leur fortune à l'abri.

*Hypothèques* : Sur 13,428 inscriptions hypothécaires d'une valeur de 35,644,544 fr. et 8,541 radiations s'élevant au chiffre de 20,016,109 fr., pour 1862 seulement, la part des Indigènes est encore minime; car, en général, quoique propriétaires, ils le sont dans des conditions qui ne permettent pas l'hypothèque.

Constatons, en passant, dans les chiffres qui précèdent, un signe de la vitalité de l'Algérie :

| | | |
|---|---|---|
| | 18,020,704 fr. | ventes immobilières en capital ; |
| | 2,966,810 | — en rentes capitalisées ; |
| | 35,644,544 | inscriptions hypothécaires ; |
| | 20,016,109 | radiations hypothécaires. |
| Total | 78,648,167 fr. | |

qui attestent un mouvement d'affaires important.

Si, par un certain côté, ces chiffres indiquent les besoins de quelques-uns, ils prouvent aussi qu'il y a des capitaux dans le pays et que ces capitaux ne redoutent pas une liquidation prochaine.

*Timbre* : Quoique les lois, décrets, ordonnances qui, en France, régissent l'impôt et les droits de timbre aient été rendus applicables et exécutoires en Algérie à partir du 1er juillet 1845, la masse des Indigènes échappe à cet impôt.

Pour 35,649 actes rédigés par l'administration et les notaires, on en compte 2,945 passés par-devant les cadis et les rabbins. L'impôt du timbre atteint probablement les deux populations dans les proportions des chiffres ci-dessus.

*Domaines* : Nous sommes très-embarrassé pour l'imputation de la somme de 2,126,483 fr. 19 qui figure au § 3 des recettes de ce service sous le titre : *produits des Domaines*.

Sans aucun doute, la somme de 364,072 fr. 29 produite, par la vente, en 1862, de 355 immeubles domaniaux, est un des éléments du chiffre total.

Sans aucun doute aussi, les rentes annuelles que

payent les colons pour les 407,191 hectares à eux concédés moyennant redevances — et non gratuitement comme on le croit généralement — concourrent à cette recette.

Mais est-ce tout?

Nous posons la question, parce qu'au *Tableau de la situation de l'Algérie*, page 340, est un résumé de la situation du Domaine de l'Etat, au 31 décembre 1862, lequel nous apprend :

1° Que le Domaine possède, dans les trois provinces, 9,085 immeubles ruraux d'une contenance de 859,124 hectares 14 ares 44 centiares 27 milliares — surabondance de détails témoignant que le cadastre a passé par là ;

2° Que ce beau Domaine a une valeur approximative de 23 millions 747,632 francs 85 centimes ;

3° Enfin, que *ces immeubles ne sont pas affectés à des services publics*, et non seulement on prend bien soin de le dire, mais même on l'écrit en *lettres italiques*, afin qu'on le remarque bien.

Ces 800,000 hectares sont probablement ceux que MM. les Commissaires du Gouvernement ont pris l'engagement, devant le Sénat, de faire mettre à la disposition de la colonisation. On avait douté de leur existence ; elle est constatée et affirmée de nouveau ; réjouissons-nous en, et faisons des vœux pour qu'ils soient rendus disponibles le plus tôt possible.

Mais ce n'est pas là le motif qui nous fait entrer dans ces détails. Nous voudrions savoir pour quelle part le loyer de ces 800,000 hectares aux Indigènes — si location il y a — entre, avec les redevances des 400,000 hectares des colons et les produits des ventes de l'année, dans la formation de la recette au titre : *produits du Domaine.*

Malgré tous nos efforts, nous n'avons pu trouver cet inconnu dans le document officiel. C'est une lacune à combler, ne fût-ce que pour nous empêcher de commettre une erreur d'imputation.

*Patentes* : Moins élevé pour les Indigènes que pour les Européens, l'impôt des patentes pèse presqu'exclusivement sur ces derniers.

*Poids et mesures* : Les droits de vérification des poids et mesures ne pesant que sur le commerce, et le commerce étant presque exclusivement européen, la part des Indigènes dans ces taxes est minime.

*Marchés* : Sous une forme ou sous une autre, les droits de marché sont presque exclusivement acquittés par les Européens, qu'ils soient vendeurs ou acheteurs.

*Postes* : Les Indigènes ne se servent guère de la poste que pour écrire à ceux de leurs coréligionnaires séquestrés, à résidence fixe, par des arrêts de la justice, dans nos établissements pénitenciers : bagnes, maisons centrales, prisons, etc. Pour l'honneur des Indigènes, nous désirons que les lettres à cette unique destination soient très-peu nombreuses.

*Télégraphe* : A l'exception des filles publiques mauresques, dit-on, peu ou point d'Indigènes utilisent la grande découverte qu'ils admirent, mais dont ils n'apprécient l'utilité que pour l'arrestation des voleurs.

*Taxes municipales*: Elles comprennent la taxe des loyers, celle sur les chiens, les prestations et l'octroi de mer.

La tente et le gourbi sont des meubles qui ne peuvent être soumis à la valeur locative des immeubles.

Le chien de garde, le seul que possèdent les Indigènes, paie très peu.

Deux journées de prestation, pour un Indigène inexpérimenté dans les travaux de terrassements, donnent de pauvres résultats.

Les droits perçus par la douane à l'octroi de mer portent principalement sur des denrées à l'usage des Européens.

Conséquemment, les taxes municipales atteignent peu les Indigènes.

Concluons :

*Les Indigènes paient dix fois moins d'impôts que les Européens*. Sur ce point, comme sur tant d'autres, tous ceux qui soutiennent le contraire ignorent les éléments les plus simples de l'organisation financière de l'Algérie.

Voici ce que dit à ce sujet le dernier *Tableau de la situation de l'Algérie*, page 344 :

« D'après des documents statistiques récemment
« établis, mais qui ne sont encore complets que pour
» la province d'Alger, il ressort que les Européens de
» territoires civils de cette province ont payé, en 1862,

» à un service, celui des contributions diverses, une » moyenne d'imposition par tête de 28 fr. 01, tandis » que les Indigènes n'ont supporté qu'une cotisation » de 18 fr. 16.

» Et cependant les Indigènes acquittent en territoire » civil, indépendamment de toutes les taxes auxquelles » sont soumis les Européens, les impôts arabes, achour » et zekkat, qui représentent l'impôt foncier dont » l'Européen est encore exempt. »

L'examen comparé des dépenses va maintenant nous démontrer que les recettes opérées sur les colons suffisent à leurs besoins.

Rappelons-le : On accuse les Européens de ne payer que des impôts réduits, tous appliqués à leurs besoins spéciaux, ainsi qu'une grande partie des contributions fournies par les Indigènes.

Nous avons démontré que les impôts soi-disant réduits payés par les colons sont dix fois plus élevés que ceux des Arabes, proportion de la productivité des deux races ; nous allons maintenant prouver par l'examen des dépenses des différents budgets algériens et leur imputation à qui de droit, que les contributions des Indigènes, loin d'être appliquées, *en grande partie*, aux besoins de la colonisation, ne suffisent même pas aux dépenses de toutes natures qu'exigent la domination, le gouvernement et l'administration de leurs tribus.

## DÉPENSES.

Jusqu'à ce jour, les adversaires de la colonisation et, à leur tête, l'auteur anonyme de l'Algérie française

(*Indigènes et Immigrants*), n'ont porté à la charge de leurs protégés que les dépenses dont les chapitres ont pour titre : *Services indigènes*, *Justice musulmane*, *Culte musulman*, *Assistance musulmane*, sans faire attention que ces sous-divisions spéciales, correspondant à des sous-divisions analogues des dépenses européennes, n'établissaient de séparation que dans les dépenses où la distinction était possible, mais que, pour les autres dépenses, elles étaient communes, soit pour moitié entre les deux éléments de la population, soit proportionnelles à leur nombre d'habitants et à l'espace qu'ils occupent sur la totalité du territoire algérien.

Nous allons donc rétablir la vérité méconnue, en passant en revue les divers budgets des dépenses de l'Algérie, en imputant à chaque élément sa part proportionnelle de chaque chapitre, après quoi nous justifierons chacune de nos attributions.

## Budget gouvernemental.

(*Crédits ordinaires et supplémentaires.*)

| | Part des Indigènes. | | Part des Européens | |
|---|---|---|---|---|
| | F. | C. | F. | C. |
| C. I. Administration centrale.—Personnel | 460.350 | » | 51.150 | » |
| C. II. Id. — matériel. | 82.800 | » | 9.200 | » |
| C. III. Publications. — Expositions. — Missions. — Secours et récompenses . . . | 73.800 | » | 8.200 | » |
| C. IV. Dépenses secrètes | 81.000 | » | 9.000 | » |
| C. V. Administration provinciale. . . . | 1.351.550 | » | 1.351.550 | » |

| | F. C. | F. C. |
|---|---|---|
| C. VI. Justice musulmane. . . . . . . | 89.000 00 | » |
| C. VII. Instruction publique musulmane . | 106.000 » | » |
| C. VIII. Culte musulman | 68.500 » | » |
| C. IX. Services financiers: | | |
| Art. 1er Enregistrement et Domaine. . . . | 332.700 » | 332.700 » |
| Art. 2. Contributions diverses. . . . . | 270.562 50 | 270 562 50 |
| Art. 3. Forêts . . . | 340.000 » | 340.000 » |
| Art. 4. Postes. . . . | 246 870 » | 246.870 » |
| Art. 5. Poudres à feu. | 145.600 » | 145.600 » |
| Art. 6. Poids et mesures | » | 42.400 » |
| C. X. Colonisation et topographie | | |
| Art. 1er Colonisation . | 195.280 » | 784.120 » |
| Cantonn. des tribus . | 110.000 » | » |
| Art. 2. Travaux de colonisation . . . . | 140.000 » | 560.000 » |
| Art. 3. Topographie. . | 748.575 » | 83.175 » |
| Art. 4. Passagers civils | 54.200 » | 216.800 » |
| C. XI. Travaux publics | 4.303.110 » | 4.303.110 » |
| C. XII. Services indig. | 1.084.500 » | » |
| C. XIII. Marine . . | 90.020 » | 360.080 » |
| Ecole des mousses indigènes. . . . . | 31.700 » | |

## Budgets des ministères.

| | | |
|---|---|---|
| Justice . . . . . . . | 174.000 » | 696.000 » |
| Instruction publique. . | 47.680 » | 190.720 » |
| Cultes. . . . . . . | » | 885 000 » |

| | F. C. | F C. |
|---|---|---|
| Finances (douanes). . | 526.307 50 | 526 307 50 |
| Guerre et marine (pour mémoire) . . . . | » | » |
| Totaux | 11.154.105 f. » | 11.409.545 f. » |
| Total général | 22.563.650 f. (1). | |

Ce chiffre total représente la part que la métropole assigne, avec le concours du Corps législatif, aux dépenses à la charge de l'Etat en Algérie.

Ce subside est compensé par une recette coloniale de 17,515,315 fr. au profit du trésor, et par un mouvement commercial, à l'importation et à l'exportation, de 139,364,405 fr. (valeurs officielles), d'après les fixations de la douane algérienne, toujours inférieures à celles de la douane française.

Les budgets des dépenses qui vont suivre sont soldés par des recettes exclusivement algériennes.

## Budgets provinciaux.

### Section Ire.

| | Part des Européens. F. C. | Part des Indigènes. F. C. |
|---|---|---|
| C. II. Dépenses des exercices antérieurs. | 11.814 02 | 11.814 02 |

(1) Le chiffre officiel des crédits demandés est de 22,366,000 f.
Savoir :

Dépenses à la charge du gouvernement général 17.325,15

— des ministères. . . 3,046,015

Crédits supplémentaires (déduction faite des crédits d'ordre). . . . . . . . . . . 1,975,000

Sections II et III.

| | Part des Européens. F. | C. | Part des Indigènes. F. | C. |
|---|---|---|---|---|
| C. Ier Frais de perception des revenus. . | 121.254 | » | 121.254 | » |
| C. II. Administration. | 299.763 | 61 | 299.763 | 61 |
| C. III. Assistance publique. . . . . | 424.191 | 46 | 1.696.764 | 71 |
| C. IV. Travaux. . . | 1.958.356 | 50 | 1 958.356 | 50 |
| C. V. Primes, subventions, encouragements. . . . . | 133.929 | 46 | 133.929 | 46 |
| C. VI. Services indigènes. . . . . | 399.191 | » | » | |
| C. VII. Réserves pour imprévu. . . . | 32.384 | 88 | 32 384 | 80 |

Section IV.

| | | | | |
|---|---|---|---|---|
| Prêts de semences aux colons. . . . . | » | | 220.000 | » |

## Budgets communaux.

| | | | | |
|---|---|---|---|---|
| Dépenses des communes de plein exercice. . | 3.015.770 | » | 3.015.770 | » |

## Budgets locaux.

| | | | | |
|---|---|---|---|---|
| Dépenses des localités non encore érigées en communes. . . | 193.846 | 55 | 193.846 | 55 |

## Budget des centimes additionnels à l'impôt arabe.

| | | | | |
|---|---|---|---|---|
| Travaux exécutés en territoire arabe. | 653.763 | » | » | |
| Autres dépenses ou réserve . . . | 2.404.848 | » | » | |

## Budget des remboursements.

| | Part des Européens. F. | C. | Part des Indigènes. F. | C. |
|---|---|---|---|---|
| C. Ier Chambres de commerce . . . | | » | 34 558 | 45 |
| C. IV. Syndicats des canaux d'irrigation. | | » | 107.540 | 02 |
| C. V. Honoraires (mines et chutes d'eau). | | » | 4.831 | 61 |
| C. VI et VII. Chefs indigènes (leurs parts d'impôts et d'amendes) . . . . . . | 1.589.151 | 22 | » | |
| C. VIII. Mobacher (abonnements) . . | 148.548 | 70 | » | |
| C. IX. Grande voirie. | » | | 24.526 | 13 |
| Totaux : | 11.596.811 f. | 80 | 7.855.359 f. | 56 |

Total général : 19,452,171 f. 36 (1)

Si nous totalisons les parts de dépenses afférentes à chaque élément, nous trouvons :

| | | |
|---|---|---|
| Pour les Indigènes : | 22.750 916 fr. | 80 c. |
| Pour les Européens : | 19.264.904 | 50 |

Les recettes, avons-nous dit, s'élèvent :

| | | |
|---|---|---|
| Pour les Indigènes : à | 19.292.817 fr. | 15 c. |
| Pour les Européens : à | 17.452.311 | 50 |

(1) Le chiffre officiel est de 21,989,003 f. 01 Savoir :

| | | |
|---|---|---|
| Budjets provinciaux. . . . . . . . | 8.151.176 f. | 55 c. |
| — communaux . . . . . . , | 6.031.540 | 00 |
| — locaux. . . . . . . . . | 387.693 | 11 |
| — des centimes additionnels. . | 2.440.825 | 23 |
| — à charge de remboursement. | 4.967.767 | 62 |
| | 21.989 003 f. | 01 c. |

Cette différence peut s'expliquer, soit par des omissions, soit par des reports d'un exercice à l'autre.

La différence entre les dépenses et les recettes est :

Pour les Indigènes, de : 3.458.099 fr. 65 c.
Pour les Européens, de : 1.812.593 06

Les Européens se rapprochent donc beaucoup plus de l'équilibre budgétaire que les Indigènes ; ce qui nous permet de conclure : 1° qu'il n'y a pas d'excédants d'impôts payés par eux ; 2° que, dès lors, ils ne servent pas à couvrir les dépenses de la colonisation ; 3° enfin, que pareille affirmation de l'auteur anonyme de l'*Algérie française* est encore de pure invention et d'invention calomnieuse, car, dans la part des dépenses que nous mettons à la charge des Indigènes, nous ne comprenons ni l'intérêt du capital que leurs révoltes continues ont coûté à la France, ni la somme annuelle consacrée à l'entretien d'un effectif nombreux pour les maintenir dans les limites du devoir.

Mais, nos adversaires ne sont pas gens à admettre, sans conteste, notre démonstration ; il faut donc justifier nos imputations :

Elles sont, les unes, absolues ; les autres, relatives.

Les absolues incombent à l'un ou à l'autre élément.

Les relatives sont : ou proportionnelles au nombre d'habitants, l'élément européen étant compté pour un dixième de la population totale ; ou proportionnelles à l'utilité que l'un ou l'autre élément retire des dépenses, le plus grand nombre par moitié, d'autres par cinquième, quelques-unes par dixième.

### Imputations absolues

*A la charge des Indigènes* : Justice musulmane, instruction publique musulmane, culte musulman, cantonnement des tribus, services indigènes, école des mousses indigènes, travaux exécutés en territoire arabe sur les centimes additionnels, autres dépenses ou réserves faites sur les mêmes centimes additionnels, parts des chefs indigènes dans les impôts et amendes de leurs administrés, abonnements au *Mobacher*.

*A la charge des Européens* : Poids et mesures, cultes reconnus en France par l'Etat, prêts de semences aux colons, chambres de commerce, syndicats des canaux d'irrigation, honoraires pour les concessions de mines et de chutes d'eau, grande voirie.

Le seul énoncé des titres de chapitre justifie ces imputations à l'un ou à l'autre élément.

## Imputations proportionnelles au nombre d'habitants

Dans cette catégorie, sont comprises les dépenses pour l'administration centrale : personnel et matériel, publications, expositions, missions, secours, récompenses, fonds secrets.

Nous le demandons à tout homme de bonne foi : sans les Indigènes, sans le vaste pays occupé par eux, sans leurs résistances à notre civilisation, sans les mille problèmes que leur état social soulève et qu'il faut étudier pour les résoudre, l'Algérie aurait-elle besoin, au même degré, d'un gouvernement général entouré d'un grand prestige et d'une direction générale de l'administration comprenant, dans son sein, les éléments de solution de toutes les affaires qui peuvent se présenter ?

Evidemment non.

Quant aux dépenses exceptionnelles de l'exposition de Londres et des missions, il est aussi hors de doute que la partie du territoire occupée par les Indigènes, celle au Sud de nos possessions, a bien plus besoin d'être connue que celle beaucoup plus restreinte de la colonisation européenne.

Ferons-nous remarquer que les fonds secrets resteraient sans emploi, sans le besoin d'exercer une surveillance active sur les tribus ?

L'imputation proportionnelle au nombre d'habitants des dépenses des quatre premiers chapitres du budget gouvernemental est donc fondée.

**Imputations proportionnelles par moitié.**

Le chiffre de la population indigène dans les territoires civils, triple de la population européenne, justifierait à la rigueur un partage égal du coût de l'*administration provinciale* ; car les Indigènes, aussi bien que les colons, sont les administrés des préfets, sous-préfets, commissaires civils et autres agents de l'administration.

Mais, sous le titre: *administration*, sont compris:

1° Les maisons centrales de l'Harrach et de Lambessa, qui, au 31 décembre 1862, comptaient: la première 492 condamnés indigènes, la seconde 797 ;

2° Les prisons civiles qui renferment toujours autant d'Indigènes que d'Européens, surtout depuis que les Cours d'Assises sont appelées à juger les crimes commis contre les personnes et les propriétés ;

3° Le service télégraphique qui coûte 604,660 fr. de plus qu'il ne rapporte, mais dont la nécessité politique est incontestable ; car, en 1862, il a transmis 52,756 dépêches officielles relatives, pour une grande part, aux affaires indigènes ;

4° Le service sanitaire qui rend aux Indigènes le bon office de les préserver de la peste dont ils recevaient la visite, à peu près tous les quinze ans, avant la conquête du pays par les Français.

L'imputation, par moitié, des dépenses de l'*administration provinciale* est donc aussi justifiée.

Il en est de même pour les *services financiers* :

Le service du Domaine a principalement pour attributions de rechercher, au milieu de tous les immeubles détenus par les Indigènes, ceux qui peuvent appartenir à l'Etat ; de plus, la constitution de la propriété, au profit des Indigènes, occupe la plus grande partie de son personnel ;

Les perceptions du service des contributions diverses sont aussi considérables, au titre indigène qu'au titre européen. Seulement autant les unes sont simples, autant les autres sont compliquées et difficiles, à raison de la différence des mœurs et du langage ;

Le service forestier aussi est principalement occupé à conquérir et à défendre son domaine contre les Indigènes ;

Comme le service du télégraphe, celui des postes transmet beaucoup de dépêches officielles ayant pour but l'administration et le gouvernement des Indigènes ;

Le service des poudres à feu, lui-même, par les matières fournies aux travaux publics en dehors du terriroire civil, a le droit aussi à imputer une partie de ses dépenses à l'indigénat ;

Le service des douanes, en gardant nos frontières de terre et de mer, non pas pour empêcher la contrebande de quelques marchandises, mais principalement pour faire obstacle à l'introduction, en Algérie, de fusils, de poudre, de soufre, de salpêtre, est fondé aussi à porter une partie de sa dépense au compte de la cause qui le fait veiller, nuit et jour, ici sur le bord de la mer, là sur des frontières qu'il n'est pas toujours agréable d'habiter.

Nous imputons, pour moitié, aux Indigènes, les dépenses des travaux publics, qu'ils soient exécutés sur les fonds du budget de l'Etat ou sur ceux des budgets provinciaux.

Voici nos motifs :

Les routes servent autant à la domination qu'à la colonisation ; il en est même qui sont exclusivement stratégiques.

Puis, quand elles sont ouvertes, les Indigènes comme les Européens ne dédaignent pas de s'en servir ; autant que les colons, ils préfèrent un pont à un gué.

Enfin l'ouverture des routes a pour résultat immédiat d'accroître la valeur des produits indigènes : ainsi, pour ne citer que les blés, nous connaissons des localités dans lesquelles l'hectolitre se vendait de 11 à 13 francs, année moyenne, et qui, aujourd'hui, grâce aux routes, voient arriver des acheteurs au prix de 20 à 25 francs.

Les puits artésiens, surtout ceux forés au profit exclusif des Indigènes, doivent aussi être imputés à qui de droit.

Les dessèchements, en assainissant le pays, les irrigations, en fertilisant les terres, contribuent bien aussi, en de certaines limites, au bien-être des Indigènes.

L'auteur anonyme de l'*Algérie française*, ce brave défenseur de la cause des Indigènes, leur attribue à mérite (page 41) de n'avoir pas besoin de routes, de ponts et de travaux publics. Sans doute, cela se comprend : les Vendéens aussi préféraient que leur pays fût inaccessible aux soldats de la République. Nous ne serions même pas très étonné, si les Arabes étaient consultés sur l'opportunité de dépenser des millions en travaux publics, que leur réponse fût celle-ci : « Si vous » voulez faire notre bonheur, comme on le dit, con- » sacrez plutôt votre argent à prendre le chemin du » beau pays d'où vous êtes venus » ; mais, en attendant que ce vœu puisse se réaliser, continuons à donner le plus grand développement possible à nos travaux publics.

### Imputations propotionnelles à l'utilité retirée.

Depuis longtemps, le service de la topographie a terminé ceux de ses travaux utiles au développement de la colonisation; désormais, ses géomètres n'opèrent plus qu'en territoire arabe, pour l'exécution du sénatus-consulte constitutif de la propriété chez les Indigènes. On ne sera donc pas surpris que nous portions au compte de ces derniers la plus grosse part des dépenses de ce service.

De même, nous imputons aux Indigènes une part des dépenses des chapitres suivants :

*Colonisation* : D'abord, parce que les inspecteurs de colonisation, soit directement, soit indirectement, rendent des services aux Indigènes comme aux Européens ; ensuite, parce que les essais d'acclimatation, les produits des pépinières de l'Etat sont mis à contribution aussi bien par les Arabes que par les colons ; enfin, parce que tout progrès introduit dans l'agriculture algérienne finit par pénétrer dans les tribus, au grand avantage du présent et de l'avenir.

*Travaux de colonisation* : Quels qu'ils soient, ils accroissent la valeur de la propriété ; quels qu'ils soient, les Indigènes des territoires colonisés, au nombre de 555,558 âmes, en profitent comme les Européens au nombre de 109,808 au maximum, et les Indigènes du territoire militaire en retirent aussi profit et avantage, quand les besoins de leur commerce les amènent dans nos centres de population.

*Passagers civils* : Les bénéficiaires du passage gratuit, chez les Européens, sont exclusivement des magistrats, des fonctionnaires ou des employés de l'État que les nécessités du service déplacent. De ce nombre sont, surtout, les Conseillers de la Cour qui vont, périodiquement, dans les provinces, tenir les sessions d'Assises, dont les rôles sont principalement chargés de crimes indigènes. Puis, il y a de nombreux permis de passage gratuits accordés aux Indigènes : aux uns, par faveur gracieuse ; aux autres, de nécessité absolue, notamment aux condamnés dont l'embarquement exige toujours un surcroît de dépense.

*Marine* : La marine militaire, chargée de la correspondance de la côte, serait déjà remplacée avec avantage pour le Commerce et le budget, si n'était le besoin d'exercer une surveillance continue sur les tribus du littoral, et de prévenir des relations clandestines avec des importateurs étrangers. Quant au service des ports, son bon fonctionnement intéresse les Indigènes comme les Européens, dans la proportion de la part réciproque, directe ou indirecte, qu'ils prennent au commerce d'importation et d'exportation.

*Justice* : En 1862, sur 413 affaires jugées par la Cour impériale, les Indigènes étaient intéressés dans 45 ; sur 4,639 jugements rendus par les tribunaux de première instance, 1,477 concernaient les Indigènes ; 1,338 Indigènes figuraient comme partie dans les 6,917 affaires réglées par les tribunaux de commerce ; enfin, sur 433 condamnations pour crimes, contre les personnes ou contre les propriétés, les Arabes figurent pour 286, les Kabyles pour 34, les Israélites pour 13. Total des condamnations Indigènes pour crimes : 333, dont 9 à mort, 17 aux travaux forcés à perpétuité et 37 à temps.

Nous sommes donc resté au dessous de la proportion révélée par ces chiffres, en n'imputant aux Indigènes qu'un cinquième des frais de justice.

*Instruction publique* : Quoi qu'en disent les adversaires des services civils, l'Académie d'Alger s'occupe avec la plus vive sollicitude de l'instruction publique chez les Indigènes.

On comptait, en 1862, dans les divers établissements créés à cet effet, savoir :

| | |
|---|---|
| Au collège impérial arabe-français. | 152 |
| Dans les medersa. . . . . . . | 140 |
| Dans les écoles arabes-françaises (1) | 334 |
| Dans les écoles arabes . . . . . | 26.499 |
| Total : | 27,125 |

Ce chiffre d'élèves comporte bien l'attribution du cinquième de la dépense totale du service dirigeant.

*Assistance publique* : Malgré les secours donnés directement aux malheureux musulmans, et compris aux chapitres des *services indigènes* dans les budgets provinciaux, il est de notoriété publique que les Maures et les Arabes réclament partout les secours de l'assistance générale : leurs malades sont admis dans nos hôpitaux, leurs blessés viennent se faire panser par nos médecins et par nos sœurs hospitalières, leurs nécessiteux sont admis aux distributions des bureaux de bienfaisance et des dames de charité. La bourse des Européens s'ouvre si facilement devant les demandes des Indigènes, qu'on ne peut plus sortir aujourd'hui sans être assailli par le fameux *donar sordi*, qui est dans la bouche de tous les enfants.

Nos imputations sont donc suffisamment justifiées. Si elles n'ont pas la rigueur mathématique qui doit être apportée dans toute comptabilité, la faute en est aux documents officiels qui ne distinguent pas et ne peuvent distinguer entre les recettes et les dépenses afférentes à chaque élément de la population algé-

(1) Le chiffre pour les écoles arabes-françaises du territoire civil est inconnu.

rienne, tant il y a mélange d'intérêts et de rapports entre les Indigènes et les Européens. Quoi qu'il en soit, pour tout lecteur consciencieux il restera démontré que. compter comme l'auteur anonyme de *l'Algérie française* et ne comprendre dans les dépenses afférentes aux Indigènes que celles des chapitres des budgets qui leur sont exclusivement spéciaux, c'est une grande erreur, pour ne pas nous servir d'un terme plus énergique.

Concluons :

Les Européens, dix fois inférieurs en nombre, couvrent, à *dix huit cent mille francs près*, leurs dépenses par des impôts dix fois plus élevés que ceux des Indigènes ;

Les Indigènes, dix fois plus nombreux que les colons, mais payant dix fois moins d'impôts par tête, imposent encore à l'Etat un sacrifice de *trois millions et demi* pour des dépenses dont ils profitent, sans compter le coût de la force armée appelée à les dominer, sans compter l'amortissement de la dette de la conquête.

Et un Conseiller du Gouvernement ose écrire : (page 13) « les Indigènes payent l'impôt et contribuent à augmenter les ressources de la patrie, » et (page 18) « les Indigènes sont des contribuables dont les charges allègent les sacrifices de la patrie. »

Nous allons voir qu'il ne s'arrête pas à des erreurs de cet ordre.

## IV

Proposition : « L'autorité militaire s'est dévouée au gouvernement et à la civilisation des Indigènes » (page 17, brochure anonyme) et les officiers chargés de les administrer se sont montrés à la hauteur de leur mission.

« A l'avoir de l'ordre civil, on ne trouve rien. » (Page 60.)

Démonstration : « Types remarquables d'audace, de résolution, d'entrain, de droiture et de loyauté, les généraux de l'armée d'Afrique ont fourni, tour à tour, selon les circonstances, des hommes de guerre, des diplomates, des administrateurs, des hommes d'Etat, des orateurs. Le milieu dans lequel ils ont vécu, la nature de l'œuvre qu'ils ont accomplie, l'influence immédiate ou latente du climat ou des adversaires qu'ils ont combattus, les difficultés qu'ils ont eu à vaincre pour faire la conquête des tribus, la nécessité d'administrer un peuple fier et belliqueux, qui obéissait en conservant ses armes : voilà ce qui a formé ces brillants généraux. Ils sont les enfants de l'Algérie, par le travail, par l'éducation pratique, par l'expérience quotidienne. » (L'*Algérie française*, pages 55 et 57.)

« L'Algérie a-t-elle valu à la France quelqu'avantage de l'ordre civil ? Hélas ! nous ne trouvons RIEN, *ni un principe, ni une idée, ni un homme*, ni un procédé administratif, dont on puisse lui rapporter l'honneur.

L'agriculture ne nous a donné aucun produit nouveau quelque peu important. Trente ans ne nous ont rien appris, pas même, chose étrange, en matière de colonisation. S'il y a eu enseignement, ce n'est que dans le sens d'une humiliante négation. Nous aurions pu fonder un ordre de choses *sui generis* et nous n'avons su que copier nos plus vieux errements. En somme, jamais terrain plus fécond ne produisit récolte plus nulle. TRISTE AVOIR, en vérité, QUE CELUI DE L'ORDRE CIVIL. » (Pages 60 et 61 de la même brochure.)

La conclusion de ces citations est facile à tirer : donnons le gouvernement et l'administration de l'Algérie à ceux qui ont l'éducation et l'expérience pratiques, et renvoyons, avec un congé jaune, ceux assez incapables pour n'avoir pu produire la moindre récolte dans un terrain aussi fécond.

Est-ce ce que l'on va faire ? Nous n'en savons rien.

Mais, que nous soyions, oui ou non, à la veille de l'avénement d'un régime nouveau, caractérisé par la subalternisation de l'ordre civil, l'examen d'une brochure, dont les fausses assertions ont été acceptées comme paroles d'Evangile, nous amène naturellement, mais à notre grand regret, à peser comparativement l'avoir — puisqu'*avoir* il y a — de l'ordre administratif indigène et de l'ordre administratif civil.

### ADMINISTRATION INDIGÈNE.

L'armée, nous l'avons déjà dit ailleurs, n'est pas en cause dans le débat engagé entre deux intérêts de la population indigène, qu'une conquête glorieuse a rendus sujets de la France, et ceux de l'immigration franco-européenne, que de fréquents appels du gouvernement et de l'administration ont conviée à quitter une patrie chérie, pour concourir à la fondation d'un grand royaume en facede Marseille.

Chargée d'assurer la sécurité et l'indépendance nationales contre les ennemis du dedans et du dehors, — mission de premier ordre dans les sociétés civilisées et qui exige une instruction exclusivement militaire, basée sur la discipline la plus sévère, — l'armée n'a jamais été appelée ni à gouverner ni à administrer ses conquêtes, si ce n'est temporairement et jusqu'à l'arrivée d'autres agents de l'Etat préparés par une éducation spéciale à la gestion des intérêts des sociétés civiles.

Si, par exception, en Algérie, depuis 1842, le gouvernement et l'administration des Indigènes ont été confiés à des officiers sortis des rangs de l'armée, ce n'est pas parce qu'ils étaient militaires, mais, quoique militaires, parce qu'au début de la soumission des tribus et, à défaut d'autres fonctionnaires initiés aux secrets de la vie orientale, ils paraissaient, entre tous les enfants de la France, les plus aptes à remplir une mission sans précédents dans notre passé gouvernemental. Les expéditions leur avaient donné le monopole des connaissances géographiques, économiques et politiques du pays, connaissances très-sommaires, il est vrai, mais qui paraissaient alors capitales ; le contact continuel avec les premiers auxiliaires qui se rangèrent sous nos drapeaux les avait mis à même d'apprendre l'arabe, surtout l'arabe des Maghzen, qui est celui du commandement. L'exception était donc justifiée, mais à la condition de n'être que temporaire et d'avoir pour limite le moment où des agents, spécialement administratifs, après avoir étudié méthodiquement la langue et les questions sociales indigènes, devaient les remplacer nécessairement et utilement pour tous les intérêts.

Il n'en fut pas ainsi : ces officiers, d'abord simplement détachés de l'armée active, constituent aujourd'hui un corps spécial qui, par suite de la loi militaire qui confère à l'officier la propriété de son grade et des droits à l'avancement, a tout envahi : administration indigène, commandement, gouvernement.

Nous ne dénierons ni aux officiers des bureaux arabes, aujourd'hui chargés de l'administration indigène, ni aux officiers supérieurs et généraux sortis de leurs rangs, aujourd'hui sous-préfets et préfets dans les territoires militaires des subdivisions et des divisions ; nous ne leur dénierons ni les grands services qu'ils ont rendus, ni la capacité exceptionnelle dont ils ont fait preuve dans plus d'une circonstance.

Depuis 1830, trois millions d'hommes ont passé sous les drapeaux, et, ne fût-ce que pour l'honneur de notre pays, nous sommes forcé de reconnaître que l'élite d'une si grande masse doit être remarquable à plus d'un titre; mais dirons-nous toujours : à chacun son œuvre. Si, sous prétexte d'Indigènes à gouverner, à administrer, à civiliser, on donnait pour chefs à l'armée d'Afrique, des Conseillers d'État, des Conseillers de la Cour de Cassation ou de la Cour des Comptes, elle ne manquerait pas d'arguments pour démontrer que c'est là une erreur capitale, et elle aurait raison. Mais si l'armée ne doit pas être commandée par des administrateurs ou par des magistrats, il ne faut pas, non plus, qu'on lui confie l'administration. En transformant nos officiers en administrateurs, on les fait sortir de leur spécialité, où ils sont excellents, pour leur confier une tâche à laquelle ils ne sont pas préparés. Et, il en résulte, que les hautes capacités de l'armée, détournées de leur destination primitive, ne lui ont pas encore suffi pour voir complètement clair dans la question indigène et que, sous ce rapport, elle est restée de beaucoup en arrière de l'ordre administratif civil. Cela devrait être et cela est, nous le démontrons :

L'histoire, dans les faits irrécusables qu'elle nous transmet sur le passé des tribus berbères et arabes, nous les montre impatientes du joug de la paix et avides des hasards de la guerre. Les difficultés de la conquête de l'Algérie, qui eût été impossible pour toute autre nation que la France, et même pour la France, sans l'invention moderne de la vapeur, confirment à cet égard les enseignements de l'histoire.

De ce fait incontesté et incontestable résultait, comme premier devoir, pour les premiers hommes chargés du gouvernement et de l'administration des Indigènes, de prévoir les dangers que l'esprit versatile des Arabes et l'amour de l'indépendance des Kabyles pourraient créer un jour et d'aviser aux moyens de les conjurer.

Si jamais moment a été opportun pour prendre des mesures efficacement préservatrices de nouvelles révoltes, c'est celui où le corps des bureaux arabes venait d'être constitué.

L'armée d'occupation était forte et aguerrie et la population indigène épuisée par quinze années de guerre.

Domptée, vaincue, la nationalité arabe était à notre discrétion. Son chef lui-même, l'infatigable Abd-el-Kader, était réduit à déposer les armes, en imputant son abdication *à la volonté de Dieu*.

Alors on pouvait et on devait dire aux Arabes :

« Quand la conquête vous a donné ce pays, vous avez pris les terres à votre convenance, sans vous préoccuper des besoins de ceux qui les détenaient; nous allons prendre les terres qui nous sont nécessaires, mais en tenant compte de vos besoins, c'est-à-dire en vous plaçant dans des conditions qui ne vous permettent plus de nous troubler dans l'œuvre de régénération que nous allons entreprendre.

» Votre organisation sociale en tribus, force associée, conséquemment puissante, est un obstacle à tout gouvernement (1) et une cause éternelle de guerre ruineuse entre vous ; comme nous voulons l'ordre, la paix et la richesse, nous supprimons la tribu et nous créons l'individu, en respectant la famille.

(1) Les révoltes fréquentes des *Quinquegentiens* (les cinq tribus) de la Kabylie du Djerdjera attestent que les Romains aussi ont trouvé comme obtacle à leur domination la force associée des tribus.

» Donc nous allons partager votre pays, le Tell du moins, en trois zônes :

» Celle du centre sera donnée à des colons français ; c'est presque notre droit légal, car toute cette zône faisait partie du Domaine des Beyliks des Turcs;

» Celles au Nord et au Sud de la ligne centrale vous seront réservées, mais nous y constituerons la propriété individuelle, transmissible, incommutable, afin que vous puissiez y travailler à votre profit personnel et sortir du communisme qui est la plaie rongeuse de votre société.

» Vous vivrez en bonne intelligence avec les colons. Le voisinage de leurs établissements, sur vos flancs, préviendra toute idée de révolte — ce qui est un bienfait pour vous — et, de plus, vous permettra de vendre à des prix suffisamment rémunérateurs tous les produits des terres à la culture desquelles vous allez, désormais, consacrer exclusivement vos forces.

» Il en sera ainsi, parce que la France et Dieu le veulent.

» A part ces modifications nécessitées par notre intérêt commun, et qui, d'ailleurs, ne touchent pas à la liberté de conscience, nous prenons l'engagement, qui sera sacré pour nous, de respecter vos personnes, vos biens, vos mœurs, vos coutumes et votre religion. »

Au lieu d'un langage si moral, si conforme aux intérêts de la France ; au lieu d'un programme si simple et qui réglait tout, pour le présent et pour l'avenir, qu'a-t-on fait ?

Nous laisserons le fondateur des bureaux arabes répondre à cette question :

« L'organisation du gouvernement des Indigènes a » été calquée sur celle que nous avions trouvée chez » Abd-el-Kader. » (*Exposé de l'état actuel de la société arabe, du gouvernement et de la législation qui la régit*. 1844. page 50.)

Ainsi, c'est l'organisation créée pour résister à la conquête qui est maintenue, pour en assurer la conservation ! !

Cependant, la Direction des affaires arabes n'ignorait pas sur quels principes était basé le gouvernement de l'Emir :

« La crainte, principe qui dérive de la forme absolue ;

» La religion, qui était le *levier propre à soulever les peuples* ;

» L'intérêt, qui était la chaîne qui devait les tenir réunis sous une même autorité. »

« Comme Abd-el-Kader avait été nommé Sultan, *principalement afin de chasser les chrétiens d'Afrique*, les moyens d'action de son gouvernement durent forcément être dirigés vers ce but. » (Voir pages 29 et 30 du même ouvrage.)

C'est de la dernière évidence, et, malgré cette évidence, des officiers français calquent leur organisation des Indigènes sur celle d'Abd-el-Kader !!!

Marabout, *Emir-el-Moumenin* (prince des croyants, titre réservé exclusivement aux généraux musulmans qui font *la guerre sainte*), Abd-el-Kader doit « persuader aux populations que la haine des chrétiens est le premier sentiment de tout bon musulman, » (page 29) et que leur devoir est de les combattre à outrance.

Mais, comme pour faire la guerre — même la guerre sainte — il faut trois choses : de l'argent, encore de l'argent, et toujours de l'argent, Abd-el-Kader, pour ne pas se trouver pris au dépourvu, compulsera le Coran, afin de demander à ses sujets tout ce que le Livre-Saint lui permettra — surtout pour la guerre sainte.

Or, dans le Coran, il y a, — à ce que nous apprend le susdit *Exposé* (page 146) — un article ainsi conçu :

« Vous paierez chaque année le *Zekkat* ;

» Le produit en sera appliqué : aux pauvres et aux » nécessiteux ;

» *A ceux qui sont chargés de défendre votre* » *pays*, etc., etc. »

Évidemment, Abd-el-Kader, pauvre et nécessiteux, en raison de l'obligation d'entretenir beaucoup de troupes pour nous combattre, demandera cet impôt, puisque son produit doit être appliqué à ceux *chargés de défendre le pays contre l'invasion des chrétiens.*

Et, ce faisant, Abd-el-Kader se montre à la hauteur de sa mission.

Mais, sans doute, va dire le lecteur, des officiers français, en calquant l'organisation actuelle des Indigènes sur celle d'Abd-el-Kader, se seront abstenus — comme les Turcs — de demander à leurs administrés un impôt qui a un tel caractère.

Pas du tout ! Le zekkat a continué à figurer au nombre des impôts, et, en 1862, il a produit 2,479,398 fr. 63 c.

M. le Conseiller du Gouvernement, avocat d'office de l'administration des Indigènes, nous apprend, il est vrai, qu'une partie des impôts arabes est affectée aux besoins des colons pauvres et nécessiteux, jusqu'à ce que la liquidation de la colonisation soit terminée.

L'ange Gabriel, en dictant au prophète Mohammed l'article du Coran relatif au zekkat, avait probablement prévu le cas de secours nécessaires, après une liquidation ruineuse.

Nous serons indulgent et nous pardonnerons cette erreur des premiers jours, cousine germaine du fossé de défense de la Mitidja, de l'évacuation de l'hôtel de Mustapha-Supérieur et de la mise en défense de l'hôpital du Dey, si, par la suite, nous voyons l'administration des Indigènes attester une intelligence plus grande des intérêts français en Algérie.

Mais que constatons-nous, après la restauration de l'organisation d'Abd-el-Kader pour les Arabes ?

La puissance irrésistible de notre brave armée va bientôt obliger les Kabyles, ces éternels indépendants, à subir enfin notre domination.

Là, ce n'est pas le Coran qui est la loi. Nous y trouvons, en effet, dit un document officiel :

Un droit des gens, l'*ennaïa*, qui protège les étrangers ;

Un droit politique, qui règle la forme du gouvernement et les rapports de chaque citoyen avec le gouvernement ;

Un droit civil, qui détermine les rapports des citoyens entr'eux ;

Un droit domestique, qui fixe les droits et les devoirs de chaque membre de la famille.

L'ensemble de ces codes, connus sous les noms de *Kanoun*, n'émanent pas d'une révélation : ils sont l'œuvre de tous, modifiables par tous, suivant les circonstances.

Dans cette société, chaque *kebila* (tribu) constitue une circonscription électorale (*djema*, assemblée), dont chaque citoyen en état de porter les armes fait partie.

L'élu de la djema est le chef. On lui donne le nom d'*Amin*.

Chaque djema a des revenus propres, dont elle dispose à son gré.

Tout, dans les institutions kabyles, respire l'amour de l'indépendance et la haine de la domination étrangère ; mais ces institutions sont modifiables, avec le consentement de tous, *ce qui est un point important.*

Cependant, ce point important, on croit devoir le négliger, jusqu'à ce que les Kabyles reconnaissent eux-mêmes la supériorité de nos institutions.

Comme par le passé, les communes kabyles nomment elles-mêmes leurs chefs, sauf ratification de l'autorité française ; comme par le passé, elles disposens de leurs revenus (biens communaux, taxes, amendes, etc.), sans autre intervention de l'autorité française que l'examen des régistres sur lesquels les dépenses sont portées.

Ainsi, les Kabyles, comme les Arabes, restent soumis au même régime qu'avant la conquête.

Nous ne contesterons pas qu'il a, peut-être, été prudent — à défaut de mieux — d'arborer le drapeau d'une politique conservatrice ; mais nous constaterons qu'il n'a pas fallu de grands efforts de génie pour s'en tenir là ; nous constaterons que, pour respecter l'organisation d'Abd-el-Kader et les kanoun ces Kabyles, il n'a pas été nécessaire, comme pour les Algériens de l'ordre civil européen, et, au milieu de difficultés sans nombre, d'improviser une législation nouvelle de toutes pièces, attendu que, pour ne gêner ni la conquête ni l'administration des Indigènes, on a tout d'abord érigé en principe que les nationaux seuls, par une de ces exceptions dont l'histoire conservera le souvenir, devront sacrifier aux nécessités de l'état social des vaincus les droits dont ils jouissent dans la métropole.

Poursuivons.

On peut varier d'opinion sur le mérite des considérations qui ont fait pencher la balance en faveur du maintien de l'organisation aristo-théocratique d'Abd-el-Kader pour les Arabes et des *kanoun* démocratiques pour les Kabyles ; mais nul ne contestera que c'était une conséquence forcée de la nécessité dans laquelle on s'est d'abord trouvé de confier le gouvernement et l'administration des Indigènes à des officiers de l'armée. Militaires et non jurisconsultes, ces officiers avaient dû étudier les institutions de l'ennemi pour savoir quel degré de résistance elles pouvaient opposer aux efforts de la conquête, mais non pour les comparer aux institutions des peuples civilisés, pour apprécier dans quelles limites elles pouvaient faire obstacle au développement de la colonisation, seul but de la conquête. Il serait souverainement injuste de reprocher à des officiers de ne s'être pas improvisés hommes d'Etat et législateurs; ils ont fait ce qu'ils ont pu et du mieux qu'ils ont pu. En somme, pour ne pas tomber dans l'anarchie, le pis de tous les régimes, il fallait—aucune autre organisation n'ayant été préparée à l'avance, — maintenir, temporairement du moins, les institutions antérieures.

Le résultat le plus fâcheux de cette nécessité fut que les officiers chargés d'appliquer les institutions d'une autre civilisation, et voulant s'imprégner de l'esprit de ces lois, finirent, à leur insu, par dénationaliser leur esprit et leur jugement. phénomène morbide d'assimilation, qui plus d'une fois appela notre attention et nous combla de surprise.

Aussi que se passa-t-il, dès qu'on se fut arrêté à la résolution de conserver aux Indigènes leur organisation?

L'action de la France en Algérie, comme le remarque très-judicieusement notre adversaire, se bifurqua et marcha dans deux directions opposées :

L'administration des Européens, dont la mission était d'utiliser la conquête par la colonisation, se livra à cette œuvre délicate, en tenant compte, d'un côté, de l'impatience française qui voulait au plus tôt trouver dans de riches établissements coloniaux la compensation de larges sacrifices, et en s'inspirant, d'un autre côté, de la réserve prudente que lui imposait la nécessité de concilier les intérêts légitimes de la France avec ceux non moins sacrés des Indigènes, qu'on espérait rallier à la cause commune, par l'équité, la justice et cet esprit de sociabilité qui est le fonds du caractère français ;

L'administration des Indigènes, dont la mission était double aussi : maintenir les tribus dans la soumission et préparer hommes et choses à l'avènement de la colonisation, mais qui ne tarda pas, après quelques concessions faites à l'opinion publique en France, laquelle voulait des villages et des colons pour équilibrer la force numérique des Indigènes, à s'occuper principalement et bientôt presque exclusivement des affaires arabes.

Apte surtout à l'exercice du commandement et à la pratique de la discipline, le corps des officiers chargé de l'administration indigène, sut rapidement substituer l'ordre au désordre, assurer la sécurité des routes, la rentrée régulière des impôts, développer les intérêts matériels par une plus grande production des matières premières, par des plus grandes facilités assurées au commerce, voire même une organisation meilleure de la justice et de l'administration dans quelques détails importants.

Ces services signalés ont valu des éloges mérités aux officiers des bureaux arabes, et la nation reconnaissante les a récompensés par des honneurs, par des avancements et par l'octroi d'une prépondérance que nous serions loin de déclarer excessive, si ces officiers n'avaient négligé le côté français de leur mission ; car il importait peu à la colonisation d'être patronnée par des fonctionnaires à épaulettes ou à collet brodé, pourvu que l'affaire principale de la France en Algérie ne fût pas subalternisée.

Sans vouloir diminuer le mérite d'efforts courageux et généreux, nous devons toutefois faire remarquer que les Indigènes, après quinze années de guerre, pendant lesquelles ils avaient perdu non seulement l'élite, mais la presque totalité de leurs défenseurs, de leurs chevaux, de leurs richesses, de leurs provisions, sentaient instinctivement le besoin de réparer leurs forces pour un avenir meilleur ; car, comme l'a écrit quelque part un des hommes qui connaissent le mieux les Arabes : « Un peuple n'accepte jamais la conquête sans » protestations souvent répétées. »

S'il en était ainsi, si la trève de paix et d'ordre que nous venons de traverser n'était que le calme complice et précurseur de la tempête, les éloges accordés aux bureaux arabes auraient, peut-être, été prématurés.

Malgré nous, malgré notre confiance dans la puissance de répression, nous ne pouvons nous défendre de réflexions très-pénibles quand, dans une pièce récente, qui a reçu une demi-publicité, nous trouvons des aveux comme ceux-ci :

« Les Arabes n'ont pas encore confiance dans notre » domination.

« L'expérience nous a appris que certaines natures, » les plus énergiques, ne nous pardonneront jamais la » conquête du pays.

» L'Indigène des tribus démembrées, pour être réu- » nies à des communes françaises, a dissimulé ses frois- » sements, ses antipathies, ses douleurs ; il s'est laissé » aller à la satisfaction de tous ses besoins, de tous ses » caprices, à toutes les tentations de la civilisation ; il » est devenu plus fanatique en même temps, que plus » pauvre et plus immoral.

» Le plus simple bruit d'insurrection fait encore » tressaillir tous les cœurs. »

Si telle est notre situation en territoire arabe, si, après vingt-deux ans d'un régime sous lequel les plus grands sacrifices ont été acceptés pour inspirer aux Indigènes confiance dans notre domination, pour nous faire pardonner la conquête, pour les rendre sourds aux bruits d'insurrection ; si, dans une circulaire d'autant plus sincère, qu'elle n'a pas été rédigée en vue d'une polémique, la vérité se trahit en de tels termes, n'est-il pas de la dernière évidence que l'administration des Indigènes devait surtout prendre son point d'appui dans le développement de la colonisation européenne ?

Chaque village créé n'est-il pas un témoignage vivant que la France veut, à jamais, implanter sa domination dans le pays et que le plus sage, pour les musulmans, est de se soumettre avec résignation à la volonté de Dieu ? tandis que tout temps d'arrêt dans la création de nouveaux centres européens, toute controverse publique sur l'opportunité de ces créations, est un témoignage de nos irrésolutions et un encouragement à ne pas subir la conquête sans de nouvelles résistances.

Chaque village, peuplé d'hommes énergiques, ayant à défendre leurs femmes, leurs enfants, leur patrimoine, donne plus à réfléchir aux rêveurs d'insurrections que toutes les tentatives d'atténuation du fanatisme, dont le résultat le plus net est de les convaincre que nous les redoutons.

Peu importe à la France que, dans une nouvelle protestation armée, les Indigènes se soulèvent moins par fanatisme que par esprit de nationalité.

Seuls, les Indigènes sont clairvoyants dans l'importance relative de nos actes. Ils acceptent, sans la moindre résistance, tout ce qu'on peut leur demander au nom de la domination; mais ils protestent ouvertement ou secrètement, directement ou indirectement, contre tout développement de la colonisation, non parce qu'elle leur enlève des terres, puisqu'ils en ont de trop; non parce que les colons se montrent trop rigoureux sur le respect dû à leurs propriétés et à leurs récoltes, mais parce que l'Indigène voit dans le colon un défenseur de l'ordre qui bientôt saura la langue, connaîtra le pays, et qui, sentinelle vigilante et intelligente, signalera à l'autorité ce qu'on espère pouvoir lui cacher un jour.

Devant l'inquiétude, sincère ou déguisée, des Indigènes à l'endroit de la colonisation, nous comprenons que la situation faite aux bureaux arabes ait été délicate. Avocats, officiellement chargés de défendre une cause dont il n'avaient pas été juges, ils ont pu, sans s'en douter, apporter trop de zèle dans ce qu'ils considéraient comme l'accomplissement d'un devoir, et oublier qu'ils avaient aussi pour mission de préparer les voies à la colonisation européenne.

C'est ce qui est arrivé successivement, progressivement.

D'abord, on a contesté au service du domaine, autant que possible, toutes les revendications de territoires au nom des droits de l'Etat ;

Puis, chaque fois qu'il a fallu s'incliner devant l'inscription desdites propriétés sur les sommiers de consistance du service agissant au nom du Gouvernement, on a si bien contesté la disponibilité des terres que 800,000 hectares domaniaux, promis à la colonisation, sont encore aux mains des détenteurs indigènes ;

Enfin, quand, par suite d'une transaction nécessaire entre des prétentions opposées, un projet de cantonnement a été adopté, il a été impossible de se mettre d'accord sur la marche à suivre, et un senatus-consulte est venu terminer toute discussion, en assurant aux Indigènes la propriété de toutes les terres, mais à la condition que la propriété individuelle serait constituée partout où elle serait possible.

La colonisation, qui n'avait pas demandé cette solution radicale, ne tarda pas à reconnaître que si, à l'avenir, elle l'obligeait à acheter aux Indigènes les terres nécessaires à son développement, elle l'affranchissait, du moins, de la formalité très-onéreuse d'attendre longtemps des concessions *ruineusement gratuites.*

Mais, voilà que la politique conservatrice de l'ordre social des tribus fait de nouveau entendre sa voix et cherche à faire prévaloir l'opinion que les Indigènes ne sont pas encore assez mûrs à la raison pour être propriétaires individuels. On craint qu'ils ne vendent prématurément à des Européens celles de leurs terres qui leur sont inutiles et, par là, n'amènent un élément étranger dans la tribu.

« Il n'y a pas place pour des Immigrants agricoles,» l'Oracle l'a proclamé. N'a-t-il pas avancé que « le Tell » de l'Algérie est aussi peuplé que la moyenne des 57

» départements français les moins populeux. » (Page 55) et, on doit le croire sur parole, attendu que les 57 départements dont il est question, comptent plus de quinze millions d'habitants, tandis que la population totale de l'Algérie, celle du Sahara comprise, ne compte même pas trois millions d'âmes.

Bref, de tous ces faits, il résulte que l'administration des Indigènes a toujours tendu à s'isoler dans l'Indigénat et à ne tenir aucun compte de la Colonisation, comme si elle était un fait de contrebande introduit en Algérie, malgré la volonté du gouvernement.

Mais, comme la colonisation par des Européens, aussi bien que la civilisation des Indigènes, fait partie du programme de la France, pour la moitié africaine de son territoire national, il devient de la dernière évidence que l'administration indigène a négligé, méconnu, nié même, une partie et la plus importante, de ses devoirs.

En son nom, et en la comblant d'éloges, pour que le contraste soit plus frappant avec le blâme infligé à l'administration civile, une voix anonyme s'élève pour qualifier de SPOLIATION l'œuvre de la colonisation. C'est déjà grave ; mais ce qui est plus grave encore, c'est qu'aucune voix de l'administration indigène ne s'élève pour protester contre les mensonges et les hérésies présentés comme étant son programme.

Si des Français de l'ordre civil avaient été admis à prendre place dans les rangs de l'administration indigène, ce que la raison indiquait, peut-être l'antagonisme que tout homme de cœur doit déplorer ne se serait pas produit ; mais non, les portes des bureaux arabes sont ouvertes aux Indigènes, et l'esprit de corps les tient fermées pour les nationaux civils.

Craindrait-on la révélation de secrets, hélas ! trop connus ?

Les colons jugent sévèrement la conduite de leurs adversaires ; mais, forts de la bonté de leur cause, ils attendent avec confiance que la France, momentanément trompée par d'audacieux libellistes, reconnaisse son erreur et fasse justice !

Puisse-t-elle être promptement éclairée et n'avoir pas à expier trop amèrement, un jour, son trop grand respect pour le prestige administratif et gouvernemental de l'épaulette.

Résumons notre opinion sur l'administration indigène.

Son *avoir*, comme organisation, est *nul* ;

Son *avoir*, comme commandement, administration, police, surveillance des tribus, est *bon* ;

Son *avoir*, comme concours prêté au couronnement de la conquête, la colonisation, est *négatif*.

Un corps, dont le bulletin des services porte de telles notes, mérite-t-il les éloges qu'on lui décerne ? mérite-t-il surtout qu'on lui donne la direction supérieure des intérêts civils européens ?

Voyons, maintenant, quel est le bulletin à octroyer à l'ordre civil, administration et colons.

M. le Conseiller du Gouvernement, dont les appréciations ont eu tant de succès, le résume en un mot : RIEN.

Si, au lieu de *rien*, il y avait écrit *zéro*, nous pourrions croire qu'il a oublié de porter les unités, les dixaines, les centaines, à la gauche des chiffres négatifs. Mais non : *Rien*, c'est RIEN.

Pauvre ordre civil, avec quelle sévérité te traite un des fonctionnaires auxquels la loi a dévolu le ministère de juge d'instruction dans l'examen de toutes les affaires qui te concernent!

RIEN, quand nous trouvons BEAUCOUP! c'est à n'y pas croire, et cependant on a cru et on croit encore!

Il est donc nécessaire, sauf à encourir le reproche de marcher sur les traces de feu M. de la Palisse, de dire et de redire ce que tout le monde sait, dans certaines régions de l'Algérie, mais qu'on paraît ignorer dans d'autres et qu'on ne connaît certainement pas en France. L'amour de la vérité sera notre excuse.

Commençons par L'AVOIR de l'administration, pour finir par celui des administrés.

## Administration européenne.

Jugeons-la, non par l'opinion qu'on a d'elle, mais par ses actes et séparons la cause de l'administration supérieure de celle des services qui s'y rattachent.

Entre l'administration supérieure et les administrés, il y a un abîme.

Les Immigrants français ne comprennent pas — et en cela ils ont raison — qu'en passant, sur le pont d'un navire français, du département des Bouches-du-Rhône dans celui d'Alger, ils cessent de jouir des droits de citoyen dont ils étaient si fiers en France et ils trouvent cette exception d'autant plus étrange qu'ils ne tardent pas à apprendre que, s'il en est ainsi, c'est pour conserver, dans toute leur intégrité, aux Arabes et aux Kabyles, les privilèges qu'Abd-el-Kader et les anciens Kanoun leur ont conférés. Cette anomalie est le thême de toutes les conversations et sert de base à des récriminations perpétuelles, que nous devons blâmer, parce que interprétées dans un sens autre que celui de la revendication de droits légitimes, elle devient, sous la plume d'hommes malveillants, la base d'accusations d'impuissance, d'inaction, de stérilité, comme celles que nous avons à repousser aujourd'hui.

L'administration supérieure, qu'on rend responsable de cette situation, est-elle réellement coupable de l'avoir créée ? Tout le monde sait le contraire.

Sa seule faute est de l'avoir acceptée, de l'avoir subie et d'en avoir souffert comme ses administrés.

Mais n'y a-t-il cependant pas des circonstances atténuantes ?

L'intérêt de tous ne lui imposait-il pas le devoir de se faire tolérer, par des concessions, dans un milieu qui la repoussait, qui la repousse encore, car, l'année dernière, le général de la Ruë demandait au Sénat la suppression des préfectures et des sous-préfectures ; car, cette année encore, malgré la réponse très nette des organes du Gouvernement à la proposition de M. de la Ruë, on cherche à atteindre le même résultat sous une autre forme ?

L'intérêt de la colonisation, l'œuvre à laquelle est attachée la fortune des Immigrants français, ne lui imposait-il pas une grande prudence envers des adversaires qui, d'abord occultement, puis, au grand jour, ont inscrit sur leur drapeau : *la colonisation est un double anachronisme politique et économique* ?

Le grand malheur, en tout ceci, c'est que, devant l'ennemi commun, l'administration s'est isolée de la population, et la population s'est tenue à distance de l'administration.

Unis par le même but et dans la même pensée, nous eussions été forts ; divisés, nous ne sommes pas vaincus, mais nous luttons à armes inégales.

Disons-le franchement : les torts dans cette scission regrettable sont partagés.

L'administration devait nous convier à l'union avec elle ; peut-être s'est-elle abstenue dans la crainte de reproches ?

La population a continué à rester dans une attitude réservée, peut-être pour ne pas être accusée de marcher sur les brisées de ceux qui avaient envahi les avenues du pouvoir.

Ne tentera-t-on pas une réconciliation nécessaire ?

On reproche à l'administration supérieure comme à tout l'ordre civil, « de n'avoir produit ni un homme, ni » un principe, ni une idée, ni un procédé administratif, » dont on puisse lui rapporter l'honneur. »

En vérité, on tombe des nues en lisant ces lignes dans une brochure écrite par un fonctionnaire algérien et de l'ordre civil encore !

*Des hommes* ! mais nous devons renoncer à vous donner leurs noms ; car, il faudrait nommer la presque totalité de ceux qui ont été appelés à diriger des services importants en Algérie et que la France nous a redemandés pour leur confier des services plus importants encore.

Mais, vous, qui posez les questions en ces termes, ignorez-vous donc que la reconnaissance de la ville de Boulogne a élevé une statue, sur la grève de sa plage, à l'ingénieur Beguin, homme modeste entre tous, pour avoir mis au profit de cette citée maritime l'expérience qu'il avait acquise à Alger ?

Celui-là, du moins, aurait dû trouver grâce devant la négation absolue ; car sa mémoire revit dans une statue.

*Un principe* ! Mais, ne sera-ce pas l'éternel honneur de l'administration civile et de la population coloniale, d'avoir posé, seules, le principe de la conciliation des intérêts de la colonisation avec ceux de l'indigénat. Ce principe là, vous le repoussez, comme un acte de SPOLIATION : mais, si vous vous trompiez, sur ce point comme sur tant d'autres, dont nous avons démontré l'erreur matérielle ?

*Des idées* ! Singulier reproche que celui de manque d'idées, quand l'Algérie souffre d'en avoir changé tous les jours !

*Un procédé administratif* ! En matière d'administration publique, il n'y a qu'un seul procédé possible : *observer les lois* ; si notre adversaire en connaît d'autres, nous lui demanderons de les garder précieusement pour ses amis.

Mais nous sommes réellement trop bon de combattre sur le terrain des mots, quand la lutte entre la colonisation et ses adversaires, n'est nullement engagée qu'à propos de faits !

Pour ceux qui l'accusent de n'avoir RIEN fait, l'administration civile est surtout coupable d'avoir beaucoup TROP fait ; c'est facile à démontrer :

En effet, si l'administration européenne s'était bornée à n'attirer, en Algérie, que des cantiniers, des filles de joie, quelques petites industries indispensables, les conservateurs de la momie arabe la combleraient d'éloges ; mais, malgré toutes les difficultés que les hommes et les choses lui ont opposées, elle est parvenue en moins de vingt ans :

1° A dompter le climat qui, d'abord, moissonnait les colons au fur et à mesure de leur arrivée ;

2° A faire disparaître les marais pestilentiels dans lesquels elle a dû, faute d'autres terres, fonder ses premiers établissements ;

3° A créer environ 300 centres de population européenne, dont 186 déjà sont constitués en 69 communes de *plein exercice*, lesquelles comptent, tant Indigènes qu'Européens, 663,396 habitants et pourvoient à leurs dépenses par leurs recettes ;

4° A trouver, bon gré mal gré, et à distribuer 27,032 concessions comprenant 423,381 hectares, et sur lesquelles, 591 concessionnaires seulement ont dû être frappés de déchéance ;

5° A faire défricher, cultiver, produire, non seulement les terres provenant des concessions, mais encore celles achetées aux Indigènes ;

6° A implanter sur ces terres 109,808 Européens de

tout sexe et de tout âge, qui, grâce à 20,322 belles maisons qu'ils habitent, non seulement ne meurent pas, mais même procréent, chaque année, assez d'enfants pour doubler le chiffre de la population actuelle en très-peu de temps ;

7° A constituer, avec tous ces éléments, trois départements qui fonctionnent, tant bien que mal, mais guère plus mal que les départements de France.

Arrêtons-nous : sept gros péchés capitaux, sans compter une foule de péchés véniels, suffisent pour expliquer la colère des adversaires de la colonisation.

Si, par la pensée, on vient à supputer ce qu'un tel commencement, avec l'expérience acquise, avec la vitesse impulsive que certaines choses prennent en progressant, pouvait produire en vingt ans, en quarante ans, on comprend que le moment ait été jugé opportun pour proclamer qu'il n'y avait pas place pour l'Européen, à côté de l'Indigène. sous le beau soleil de l'Algérie.

Ainsi le RIEN de notre adversaire doit se traduire par BEAUCOUP TROP.

En langage de rhéteur, cela s'appelle une *metonymie*. En langage vulgaire, la qualification d'un tel procédé a un autre nom plus vrai et plus significatif.

Nous serions autorisé à clore à ces preuves la série des faits qui vengent l'ordre civil et l'administration européenne des accusations de stérilité portées contre eux ; mais la calomnie est tellement puissante à se propager, que nous devons la traiter comme le chiendent, c'est-à-dire la poursuivre jusque dans ses dernières racines, en passant en revue l'*avoir*, au progrès algérien, de tous les services qui, sous la direction de l'administration supérieure, ont concouru à amener la situation qu'on veut enrayer.

*Justice* : Nous ne venons pas rappeler que le ressort de la Cour impériale d'Alger est l'un des plus chargés d'affaires et d'affaires les plus compliquées ; nous nous bornerons à appeler l'attention de l'administration militaire sur un exemple bon à imiter. La Cour et les tribunaux de l'Algérie investis par la loi du droit de juger, en matière civile et par voie d'appel, des affaires indigènes, tout en respectant l'avis de leurs assesseurs sur les questions de droit musulman, n'hésitent pas, quand il y a lieu, à faire l'application des principes du droit français, et les justiciables, loin de s'en plaindre, témoignent, chaque jour, par de nouveaux appels devant les tribunaux français, qu'ils se croient très-bien jugés. Peu à peu s'établit une jurisprudence mixte, qui bientôt aura force de loi et prouvera une fois de plus la vérité de cet axiome : *cedant arma togæ.*

*Ponts et chaussées* : Si nous avons bonne mémoire, c'est à Alger qu'a été inventé, par M. Poirel, le premier bloc de beton artificiel avec lequel on a élevé, depuis, tous les travaux à la mer tant en France qu'en Europe. Sans le chercher, voilà que nous trouvons encore *un homme* et *une idée* à l'avoir de l'ordre civil algérien !!

M. Don a eu une *idée* aussi, peut-être très-malsaine pour sa santé, mais très-utile pour tous : celle de dresser le plan du complet assainissement de la Mitidja et d'en commencer l'exécution.

Il a eu des imitateurs à Bône, dans M. Laborie, et à Oran, dans M. Aucourt.

Nous ne parlons ni des routes, ni des ponts, ni des ports, bien qu'il ait fallu des hommes et des idées pour les exécuter.

*Mines* : De grands travaux de MM. Renou, Fournel et Ville, sur la « richesse minérale de l'Algérie » et la « Carte géologique » du pays (sol et sous-sol) dont le service des mines réunit les éléments, attestent que, dans cette spécialité aussi, il y a eu des hommes et des idées que l'Institut a couronnés.

*Forêts* : Ce service a reconnu, gère et surveille 1,800,000 hectares de forêts dont une partie est en exploitation. Celui qui l'a fondé, Renou, a péri dans une de ses reconnaissances. Un de ses successeurs, M. Cetto, a été appelé par la confiance de l'Empereur à la direction des forêts de la Couronne, quoiqu'il fût l'un des plus jeunes conservateurs.

*Domaine* : Voilà un service qui, au début, a été très-impopulaire et dont on apprécie hautement le mérite aujourd'hui. Pour conquérir sur les résistances arabes un domaine de 1,317, 939 hectares, dont un tiers environ est affecté à la colonisation ou à des services publics, et les deux autres tiers restent disponibles, patience, travail, énergie, courage même, lui ont été nécessaires ; car, pour lutter contre les envahissements des Indigènes sur les droits de l'Etat, il a fallu et il faut encore être continuellement sur la brèche.

Sa mission, pour changer de caractère, par suite de

l'abandon aux Indigènes de toutes les terres qu'ils détiennent, devient plus importante encore, car le Domaine va avoir à batailler pour que la nouvelle propriété soit constituée de manière à ce que l'Européen puisse, désormais, l'acheter avec sécurité.

Administration d'élite, le Domaine saura encore, dans la phase nouvelle de la propriété en Algérie, protéger et défendre les intérêts de la colonisation, comme par le passé.

*Contributions diverses* : S'il est un service algérien qui puisse revendiquer l'honneur d'être sorti des vieux errements de France, c'est celui dont nous avons à apprécier le mérite. Spécialité dans la métropole, il s'est prêté ici à tout ce qu'on lui a demandé : contributions directes, indirectes, ordinaires, extraordinaires, françaises, arabes, kabyles, contributions pour le compte de l'Etat, des provinces, des communes, des centres non érigés en communes, des chefs indigènes, des chambres de commerce, des syndicats, etc., etc. S'il n'est pas encore chargé, non de l'encaissement, mais de la perception réelle de l'impôt arabe, ce n'est ni faute de bonne volonté, ni faute des connaissances spéciales que ce surcroît de service réclamerait. Cependant, dans l'intérêt même de l'administration indigène, il est impossible que l'impôt dit arabe continue à être perçu comme il l'est aujourd'hui, car il n'y a d'autre controle que celui qui repose sur la moralité des agents, généralement indigènes.

*Douanes* : Ce service offre encore un exemple de la

manière dont on apprécie à Paris l'expérience acquise dans les services civils de l'Algérie. En 1833, M. de Leuglay débutait dans la carrière comme receveur des Douanes à Arzew, et, en 1863, sans avoir jamais quitté l'Algérie, il était nommé directeur du service de Marseille, l'un des plus importants, si ce n'est le plus important de France.

Comparons ce que peut être le service des Douanes sur les frontières de Tunis et du Maroc, au milieu de tribus qui passent alternativement d'un Etat dans un autre, avec ce qu'il est au milieu des populations paisibles de nos frontières de France et nous verrons que les douaniers algériens ont bien quelque mérite.

*Topographie*: Le cadastre parcellaire a été exécuté en France au commencement de ce siècle. Mais quelles différences entre les difficultés matérielles de l'opération sur la rive européenne et sur la rive africaine de la Méditerranée! Là, des propriétés faites, cultivées, délimitées en lignes droites ; partout des habitants amis, parlant votre langue, comprenant l'importance des opérations et offrant aux géomètres le concours le plus empressé : habitation saine, nourriture confortable, service domestique. Ici, le géomètre est un étranger pour ceux qui l'entourent : il devra emporter avec lui tout ce qui est nécessaire à son existence, pourvoir lui-même à tous ses besoins, bivouaquer seul avec ses aides au milieu du terrain à lever, et quel terrain ! broussailles, épines, marais, ravins, le tout sans chemins. Le matin, des herbes hautes, couvertes de rosée, mouillent les vêtements jusqu'à la ceinture; à midi, un soleil de plomb darde sur la tête en sueur ; au soir, le serein tombe et glace ; tout le jour, des mouches ; la nuit, des moustiques s'acharnent à ne pas accorder un instant de repos à l homme fatigué. A pareil métier, on use tout : santé, forces, énergie. Et, cependant, près de deux millions d'hectares sont cadastrés parcellairement et attendent qu'on en attribue la propriété aux Indigènes. Et, en présence de tant de difficultés vaincues par des hommes de cœur, dont pas un, peut-être, n'a encore été décoré, on vient nous jeter à la face cette exclamation : « Triste avoir, en vérité, que celui de l'ordre civil ! »

*Pépinières* : On demande une œuvre *sui generis*. Le jardin d'Essai du Hamma en résume beaucoup : établissement unique dans le monde, il montre ce que peut le génie fécond et toujours en travail d'un homme plus attaché à sa création qu'à ses intérêts ; car, si M. Hardy pouvait se décider à quitter l'Algérie, les premiers établissements de l'Europe mettraient à un haut prix l'acquisition de son expérience.

Que de résultats importants ont été acquis au progrès, dans une enceinte de quarante hectares au maximum : acclimatation de la plupart des végétaux utiles du globe, surtout de ceux destinés à l'alimentation de l'homme; expérimentation de la valeur industrielle des produits naturels du pays; domestication de l'autruche; éducation de vers à soie de toutes natures; études de la climatologie dans ses rapports avec l'agriculture; enseignements consciencieux et toujours féconds des pratiques de l'expérience; relations suivies avec tous les établissements similaires de l'étranger et les voyageurs à la recherche de l'inconnu, etc., etc.

Quand tous les étrangers, venus en Algérie, nous envient le jardin d'acclimatation du Hamma, les admirateurs de l'administration indigène auraient bien dû lui accorder la faveur de le compter pour quelque chose à l'avoir civil et colonial.

*Instruction publique* : On convie le gouvernement à se préoccuper davantage de l'instruction des Indigènes, comme si on n'était pas très-avancé dans cette voie, comme si l'ordre civil n'avait pas pris l'initiative d'institutions uniques dans l'islamisme et dont le projet était, tout d'abord, réputé utopie.

Qui donc a créé les écoles de jeunes filles musulmanes? Qui donc dirige les ouvroirs auxquels les écoles ont dû céder la place, sur la demande de l'esprit rétrograde ?

Qui donc à créé des bourses d'apprentissage pour les jeunes musulmans dont l'oisiveté attristait les passants dans nos rues ?

Qui donc a admis les Indigènes dans les sociétés de secours mutuels où ils apprennent à connaître les bienfaits de la solidarité ?

Enfin, qui donc enseigne la médecine aux Arabes ; la langue arabe aux Français ; le français, la grammaire, l'arithmétique, même quelques-uns des exercices intellectuels de l'enseignement secondaire, aux enfants indigènes dont les pères ont compris l'avenir réservé à l'instruction ?

*Télégraphie électrique* : Nous devons une réparation d'honneur à ce service et nous la lui donnons avec le plus grand plaisir.

Quand M. Lair a entrepris de remplacer la télégraphie aérienne par la télégraphie électrique, nous étions convaincu qu'il était impossible à des agents de l'ordre civil, de ne pas rencontrer des obstacles insurmontables à la pose et à la surveillance d'un réseau de fils qui s'étend de la frontière du Maroc à Tunis, du littoral méditerranéen aux oasis sahariennes. Nous étions dans l'erreur. Toutes les difficultés connues et inconnues ont été vaincues par l'énergie persévérante d'agents convaincus qu'ils enveloppaient le pays tout entier dans un réseau de civilisation.

*Postes :* Notre but n'est pas de mettre en lumière les services rendus par le travail paisible mais incessant des bureaux ; nous voulons appeler l'attention sur le transport des dépêches presqu'exclusivement confié à l'entreprise privée des diligences et dont le réseau, comme celui de la télégraphie électrique, embrasse la presque totalité de l'Algérie ; car, sans la lacune des routes entre Aumale et Bordj-Bou-Areridj, lettres et voyageurs pourraient être transportés, à grande vitesse, de Tlemcen à Bône.

Faut-il énumérer les obstacles surmontés, les dangers courus, les heures de fatigue de ces braves conducteurs et postillons dont nous avons tant de fois admiré le courage et l'énergie?

Ici, des rochers pourris qui s'éboulent sur une route taillée en corniche dans le roc, sur le bord d'un abyme ;

Là, des rivières torrentueuses pendant la saison des pluies et dont les gués sont toujours difficiles à franchir, quand ils n'opposent pas un obstacle infranchissable à la circulation ;

Souvent des ornières et des bourbiers dans lesquels chevaux et voitures enfoncent sans pouvoir en sortir ;

Toujours la crainte d'une brisure, loin des ateliers de réparation ou de rechange.

Faut-il rappeler que le courrier d'Alger à Aumale a été assassiné, selon toute probabilité, par des Indigènes ?

Que la diligence de Tlemcen à Oran a été attaquée, de nuit, par une bande de chefs arabes, sous la conduite d'un officier des bureaux arabes, et que dans ce guet-apens trois personnes ont été assassinées, sans compter les blessés ?

Que plusieurs conducteurs et postillons ont trouvé la mort, tantôt dans des accidents ordinaires, tantôt en voulant, quand même, assurer le service qui leur était confié ?

Tout cet admirable service des transports de dépêches et de voyageurs est fait par des Français et de l'ordre civil, sous la surveillance du service des postes, et avec le concours de Compagnies qui y ont consacré de grands capitaux.

Et l'on vient nous dire qu'on n'a rien fait en Algérie !

Nous devons, à notre grand regret, négliger l'appréciation des résultats obtenus par d'autres services publics, entr'autres ceux des médecins et des inspecteurs de colonisation, etc., etc.; l'exposé qui précède suffit pour éclairer tout homme de bonne foi.

Terminerons-nous, en dressant le bulletin de l'avoir de l'administration civile ? Nous préférons nous en rapporter à la conscience éclairée de nos adversaires et passer à l'examen de l'avoir des colons.

## Population européenne.

D'après M. le Conseiller du Gouvernement : « l'agriculture ne nous a donné aucun produit nouveau quelque peu important, et nous n'avons rien appris, pas même, chose étrange, en matière de colonisation. » Mais, chose plus étrange encore ! celui qui porte un tel jugement sur le mérite et le savoir des colons, n'a jamais mis le pied chez un paysan, ni en France ni en Algérie, et il n'est sorti des villes que pour aller prendre sa part de quelque bon dîner de campagne. Tout au plus, en Algérie, a-t-il daigné s'asseoir au foyer de cette hospitalité si généreuse que les colons offrent à tous et que quelques-uns prodiguent même, surtout quand il s'agit de recevoir un haut fonctionnaire. L'ignorance est excusable, mais l'outrecuidance ne l'est pas.

Cependant, il ne nous suffit pas de contester la compétence de notre adversaire, nous devons encore démontrer que ses préventions l'ont gravement trompé, attendu que beaucoup de ceux qui aspirent à diriger la colonisation, n'en savent pas davantage, la jugent et en parlent à peu près de même.

Notre examen devra embrasser la colonisation dans ses trois formes : agricole, commerciale et industrielle. Commençons par la première, celle qu'on repousse surtout:

### COLONISATION AGRICOLE.

La colonisation de l'Algérie a dû, fatalement, et du fait des Indigènes, avec lesquels, pendant 20 ans, aucun rapport pacifique n'a été possible, débuter par la forme agricole, la plus difficile de toutes, car c'est celle qui exige le plus de travail, de peines et l'immobilisation la plus grande de capitaux, sans aucune garantie possible contre un revers.

En France, on voulait ou abandonner ou coloniser, et on avait raison : car, gouverner et administrer des Arabes dont les impôts ne couvrent même pas les dépenses de leur administration, est une de ces conceptions qui n'a jamais été admise, même, à l'honneur de l'examen.

La colonisation triompha des incertitudes des premiers jours et l'on se mit à l'œuvre avec beaucoup plus de courage que maturité.

Les chefs de l'armée étaient alors les plus ardents colonisateurs; aussi est-on fondé à distinguer entre les diverses créations algériennes, les colonies militaires des colonies exclusivement civiles.

Sans doute, le Maréchal Clauzel, député, intéressé dans de grandes entreprises industrielles en France ; le Maréchal Bugeaud, député aussi et connu de tout le monde agricole, par les progrès qu'il avait introduits dans les cultures de la Dordogne ; le général Charron, à la fois ingénieur et administrateur; le Maréchal Randon, hippiatre distingué, administrateur éminent, homme de détail et travailleur infatigable, tous ces hommes réunissaient en eux quelques-unes des qualités nécessaires aux fondateurs de colonies, mais il devait leur manquer celles qu'on a trouvées depuis, chez des fonctionnaires civils bien moins illustres; car, chose digne de remarque, les créations militaires ont exigé beaucoup plus de sacrifices en hommes et en argent que les civiles, et quand, aujourd'hui, les adversaires de la colonisation ont besoin d'exemples à l'appui de leur thèse, ils vont les chercher — sans le dire, bien entendu — dans les douleurs de l'enfantement des colonies militaires.

On cite toujours Boufarik, création militaire, annexe du camp Derlon, comme ayant été le tombeau de plusieurs générations, sans jeter les regards sur Oued-el-Aleig, création exclusivement civile, fondée dans des conditions d'insalubrité aussi grandes, sans les avantages d'un marché hebdomadaire et d'une route exceptionnellement fréquentée, et qui, nonobstant, a atteint rapidement et sans sinistres un haut degré de prospérité. On ne constate même pas que Boufarik même n'est entré dans la voie du progrès, qui en a fait une des villes les plus remarquables de l'Algérie, qu'à dater du jour où elle est devenue un centre exclusivement civil.

On aime mieux nier la lumière et affirmer que l'ordre civil n'a réalisé aucun progrès.

Au début, on a entrepris la colonisation, même celle

de Boufarik, au milieu de marais infectes, avec des hommes non encore acclimatés. L'acclimatation et l'infection paludéenne se compliquant l'une par l'autre, on tombait gravement malade. Depuis, on a compris que les travaux de colonisation, de défrichements et d'assainissements surtout, ne devaient être entrepris que par des ouvriers acclimatés et il y a moins de malades et de maladies graves : PREMIER PROGRÈS.

Au début, nos médecins, généralement militaires, instruits, au Val-de-Grâce, dans les pratiques de la médecine anti-phlogistique de Broussais, l'une des gloires de la médecine militaire, et alors à l'apogée de sa réputation, importèrent en Algérie le traitement par les saignées et les sangsues, alors que l'appauvrissement de l organisme eût presque exigé qu'on restituât du sang aux malades. Cette erreur capitale, — aujourd'hui consciencieusement reconnue par ceux qui l'ont commise, — a fait imputer au climat de l'Algérie bien des décès qui incombent à l'inexpérience. Depuis, dans le traitement des maladies acquises en colonisant, on a substitué aux débilitants le tonique par excellence, le quinquina et ses divers sels, et les malades guérissent, quand ils ont soin de réclamer desuite les secours du médecin : DEUXIÈME PROGRÈS.

Au début, sans expérience du régime des saisons algériennes, on se livrait indistinctement, en tout temps, à toutes les natures de travaux ; aujourd'hui on sait qu'il est sage de réserver, pour la saison froide et pluvieuse, tous les travaux qui seraient insalubres dans la saison chaude et sèche : **TROISIÈME PROGRÈS.**

Dans les premières années de la colonisation, les paysans venus de France, sans avoir jamais soupçonné que chaque pays a son hygiène spéciale, voulurent conserver leurs habitudes de sobriété et d'extrême économie. N'avait-on pas assez à dépenser en frais d'installation ? On allait aux champs, par la rosée, avec de mauvaises chaussures, des pantalons, des chemises, des blouses de toile filée par la grand'mère ; on vivait des résidus de laitage et de légumes secs, à défaut d'autres aliments; on buvait de l'eau, beaucoup d'eau, parce qu'on avait très-soif. On n'a pas tardé à reconnaître que la bonne tradition française était mauvaise, et, aujourd'hui, on a des chaussures imperméables, des vêtements de laine ou de coton, et on prend une nourriture plus confortable : bon pain de ménage, viande de porc ou de boucherie, légumes frais du jardin, vin au moment des grands travaux, café presque à discrétion pendant toute l'année et presque à toute heure du jour. Avec cette hygiène, l'Européen et particulièrement le Français, est parvenu à travailler dix fois autant que l'Indigène, sous un climat qui devait, disait-on, ne pas lui permettre de se livrer à un travail continu : **QUATRIÈME PROGRÈS.**

Bientôt on reconnaît l'épuisement des terres cédées par les Indigènes à la colonisation. Nos devanciers, avec leur araire à soc plat, attelé de deux bœufs maigres et mal nourris, s'étaient bornés à écorcher la couche la plus superficielle du sol, lui demandant toujours la même récolte sans jamais lui restituer, par des engrais, les éléments de production perdus. Malgré les prédictions sinistres des admirateurs de l'expérience arabe, la méthode des labours profonds réussit à démontrer sa supériorité sur la routine séculaire des Indigènes et quelques-uns de ces derniers, vaincus par la puissance de la vérité, finissent par adopter la charrue Dombasle : CINQUIÈME PROGRÈS.

L'agriculture européenne ne s'arrête pas là : elle combine les labours d'été avec les labours d'hiver, avec les riches fumures et le hersage par le brise-mottes, et elle crée, dans les *seccanos*, des terres qui produisent autant que celles irriguées : SIXIÈME PROGRÈS.

Enfin, l'espace manque ; on aborde les défrichements de toutes les plantes parasites qu'une Providence, connaissant l'incurie arabe et prévoyant le retour des travailleurs européens, avait largement semées partout, pour prévenir les dénudations et conserver au sol sa fécondité primitive. La tâche est pénible, très-pénible même, mais les premières récoltes récompensent largement les sueurs du pionnier, et le chapitre écrit par Mohammed, *sur la vivification des terres mortes*, chapitre incompris des Arabes, devient entre les mains des Européens une vérité qui décuple la valeur de la conquête militaire de l'Algérie : SEPTIÈME PROGRÈS.

Mais, dans toute agriculture normale, il faut du bétail, beaucoup de bétail, qui donne à la fois : force, lait, viande, fumiers, et permette d'utiliser : par le pacage, la production des jachères ; par la consommation à l'étable, les richesses si grandes des prairies naturelles.

L'Indigène a laissé tout dégénérer en ses mains : une race bovine, presque parfaite pour le climat, mais tellement abatardie par la promiscuité des troupeaux et le manque absolu de soins, que de longues recherches permettent à peine d'en retrouver quelques types irréprochables ; une race ovine, qui, selon toute probabilité, a donné à l'Espagne les mérinos dont elle est si égoïstement jalouse, mais qui, en Algérie, même au milieu des immenses steppes sahariennes si favorables à l'alimentation, est tellement devenue différente d'elle-même qu'elle n'est plus reconnaissable ; une race caprine qui, conservée à Malte, lutte avec les meilleures vaches laitières, et qui, devenue presque sauvage entre les mains des Arabes, n'a de valeur sérieuse que par sa prodigieuse fécondité.

Rendre au pays ce qu'il a perdu par la faute de ses anciens maitres, est une tâche difficile qui, indépendamment d'un long temps, exigera beaucoup de discernement et de dépenses ; car, d'abord, des écuries, des étables, des prairies naturelles et artificielles sont à créer. Le colon ne reculera pas devant cette entreprise ardue.

Pendant que l'un essayera d'améliorer les races du pays sur elles-mêmes, un autre ira en Espagne, en Italie, en France, en Suisse, en Angleterre, partout où le bétail a de la réputation, chercher les plus beaux types connus, pour les introduire dans la colonie, celui-ci en vue de créer une race nouvelle, celui-là dans l'espoir d'obtenir des croisements avantageux.

Bien que l'expérience n'ait pas encore rendu son jugement sur la valeur relative de ces divers procédés, il est incontestable, cependant, que de grands résultats ont déjà été obtenus. Nous avons maintenant des bœufs dont la force est double; des vaches qui donnent quatre fois autant de lait que celles des Arabes ; des moutons (99,723) tellement améliorés que leur valeur a doublée, soit pour la production de la viande, soit pour celle de la laine ; enfin, 25,976 chèvres que les Arabes nous envient pour l'abondance de leur lait, mais qui, en leurs mains, seraient bientôt dévorées par les chakals ou redevenues improductives, faute de nourriture.

Nos adversaires, pour lesquels le bétail n'est qu'une matière imposable, à raison du dixième du revenu annuel qu'il donne à son propriétaire, savoir :

| | | | |
|---|---|---|---|
| le bœuf ou la vache à | 3 fr. | » c. | par tête, |
| le mouton . . . | » | 15 | — |
| la chèvre . . . . | » | 20 | — |

consentiront-ils à nous croire, quand nous leur dirons que, chez le colon, le bœuf ou la vache, soit en travail, soit en lait, produisent annuellement de 350 à 400 fr. au lieu de 35 à 40 fr. chez l Arabe, et les moutons et les chèvres dans la même proportion.

L'amélioration du bétail, continuellement progressive chez les Européens, est donc un HUITIÈME PROGRÈS.

Devons-nous compter, à l'avoir du progrès agricole algérien, l'introduction dans le pays des espèces suivantes : buffle, zébus, porcs de toutes variétés, lapins domestiques, poules et pigeons de toutes espèces, canards, oies, dindons, etc., etc. ?

Devons-nous aussi faire entrer en ligne de compte les chevaux et mulets de trait que nous avons importés et que nous cherchons à reproduire sur place ?

Passons ces détails par *profits et pertes* et énumérons les cultures nouvelles introduites :

Blé tendre, inabordable par la culture primitive des Indigènes, et dont la farine est cependant indispensable pour certaines manipulations de la boulangerie ;

Nombreuses variétés de blé dur inconnues des Indigènes ;

Avoine, nécessaire aux bêtes de trait ;

Seigle, dont la paille a autant de valeur que le grain ;

Nombreuses variétés de maïs, blancs, rouges et jaunes ;

Fourrages secs, sans lesquels notre cavalerie ne pourrait nourrir ses chevaux et l'agriculture ses attelages ;

Luzerne et autres plantes de prairies artificielles, sans lesquelles l'élève et l'amélioration du bétail seraient impossibles ;

Tabacs autres que ceux du pays et dont le rendement, en poids, compense largement la qualité pour le planteur ;

Cotons, longue et courte soie, dont la culture était, depuis des siècles, abandonnée par les Indigènes ;

Chanvres et lins définitivement acquis au pays ;

Vignes qui, avant dix ans, vont affranchir la colonie de l'impôt qu'elle a payé jusque-là à la métropole, et dont la culture par les Européens est à celle des Arabes de Médéa et de Mascara, les plus renommés, comme la maison est à la chaumière ;

Garance et cochenille, dont l'avenir est désormais subordonné à la hausse ou à la baisse de la main-d'œuvre ;

Mûriers qui, après un long temps d'arrêt par suite de la maladie des vers à soie, reprennent aujourd'hui grande faveur, les graines algériennes de vers jouissant presque seules de l'avantage d'être saines et promettant de grands bénéfices à la vente du grainage ;

Pommes de terre, totalement inconnues avant la conquête et aujourd'hui très-propagées chez les Indigènes.

Nous pourrions encore ajouter à cette énumération le sorgho à sucre et autres variétés, les millets, le colza, les ricins, le sésame, l'arachide, la moutarde, le pavot à opium, la gaude, la betterave, toutes cultures essayées et réussies, mais restreintes, parce qu'on ne peut tout entreprendre à la fois.

Dans l'ordre des cultures intensives, nous devons mentionner les remarquables progrès de l'hortolage, en quantité et en qualité; le développement pris par les cultures des plantes à essences, géranium et autres ; enfin l'extension donnée aux orangeries et aux vergers d'arbres à fruits.

Aujourd'hui, les maraîchers des environs de nos villes cultivent, tant pour la consommation locale que pour l'exportation, une cinquantaine de plantes potagères, nouvelles pour la plupart, et dont l'acclimatation a demandé bien des soins.

Pour les plantes odoriférantes, l'Algérie a fait à Grasse une concurrence telle que certaines cultures y sont abandonnées.

Les anciennes orangeries des Indigènes, devenues par achat propriétés des Européens, ne sont plus reconnaissables, tant par les soins donnés aux vieux arbres que par l'introduction de variétés nouvelles, notamment la mandarine, orange de luxe, de plus en plus recherchée.

Que d'arbres à fruits, dont les noms même étaient inconnus des Indigènes, ont aujourd'hui pris place dans les vergers des Européens !

L'introduction d'une centaine de végétaux, grands ou petits, nous permettra bien d'enregistrer un NEUVIÈME PROGRÈS.

L'importation des instruments agricoles les plus perfectionnés, sans parler, de ceux inventés sur les lieux même, a bien quelque valeur aussi.

Qu'avaient les Indigènes ? l'araire le plus grossier, la faucille crochue, la houe à hache. Et c'est tout.

L'arsenal agricole des colons embrasse la presque totalité des outils, instruments, machines, inventés depuis trente ans pour abréger le travail et gagner du temps. A l'automne prochain, la charrue à vapeur fonctionnera dans la Mitidja, si nous sommes bien informé.

Ne fût-ce que pour les outils nouveaux mis aux mains des Indigènes par les Européens, nous avons encore à inscrire un DIXIÈME PROGRÈS.

Nous devons renoncer à énumérer tout ce qui constitue, en Algérie, la brillante affirmation de la colonisation, cependant, arrêtons-nous un instant sur l'arrosage des terres.

De tout temps, les Arabes ont été réputés habiles à aménager les eaux ; on leur attribue même les beaux travaux d'irrigation de la *huerta* de Valence. Mais, en Algérie, on peut dire d'eux : *quantum mutatus ab illo*.

Avant les colons, les Indigènes avaient utilisé les eaux de l'Harrach pour l'irrigation de sa rive gauche : leur réseau de canaux, restreint heureusement aux terres les plus rapprochées de la rivière, était un vaste marais d'eaux stagnantes et infectes, empoisonnant l'atmosphère, sans profit sérieux pour l'agriculture ; aujourd'hui, grâce à l'initiative d'un syndicat européen, l'étendue de la surface irrigable a été doublée, triplée peut-être, les marais ont disparu, l'eau circule partout, saine et féconde, et un cloaque est devenu un jardin rival de celui des Hespérides.

Et, il en est de même partout où l'irrigation européenne a succédé à l'irrigation arabe.

La colonisation ne s'est pas bornée à améliorer l'œuvre grossière des Indigènes, là où elle l'a pu ; elle a encore étudié, dans les trois provinces de l'Algérie, l'aménagement de toutes les eaux courantes qui vont se perdre improductives à la mer, et, depuis trois ans, l'administration est saisie d'une demande d'exécution par une compagnie.

Les eaux courantes, à ciel ouvert, n'ont pas seules appelé l'attention : des forages artésiens ont été tentés et couronnés du même succès chez MM. le baron Vialar et Paysan, dans le bassin de l'Harrach et à Oued-el-Aleig, dans le bassin de la Chiffa.

Le système des norias a été généralisé et perfectionné sur tous les points, de sorte que les eaux souterraines viennent suppléer au manque d'eaux courantes, là où les niveaux de sol ne permettent pas de les y amener.

Avec l'irrigation, la métamorphose est complète : l'oasis a remplacé le makis.

Et, quand tant de miracles ont été réalisés, presque avec la rapidité fabuleuse de la baguette antique, on ose écrire que « trente ans ne nous ont rien appris, pas même, chose étrange, en matière de colonisation ! »

Pourquoi donc, si cela est, l'Empereur, quand il est venu à Alger pour s'éclairer, n'a-t-il pas été appelé à constater par lui-même « l'humiliante négation » de nos efforts ? On lui a montré les Arabes, à cheval, dans les exercices où ils brillent le plus ; on lui a donné une représentation complète de divers épisodes de guerre : charges à fond, embuscades, surprises, hurlements des vaincus, cris sauvages de joie des vainqueurs, sifflements de balles égarées, difa homérique, discours hyperboliques, en arabe et en berbère etc., etc.; et, pour que l'Indigénat apparût, dans tout son éclat, dans tout son prestige ; les Cours de Tunis et de Maroc avaient été conviées à prendre une part à la réception ; tout cela était magnifique, très-bien conçu : mais l'Empereur n'a pu visiter ni une ferme, ni un village, pas même la merveille agricole de la colonie, le Jardin d'Essai, que tout étranger, venu en Algérie, a exploré en détail, sans cesser d'admirer la prodigieuse fécondité du sol !!!

Fatalité, dira-t-on ! L'Empereur devait aller à Blidah par la plaine et rentrer à Alger par Douéra et le Sahel.

Fatalité aussi que cette lutte intempestive entre les administrateurs des deux ordres et qui a dû attrister profondément le cœur de l'Empereur, en détournant son attention de l'examen de questions plus sérieuses !

Fatalité enfin que ce libelle diffamatoire, contre les colons et la colonisation européenne, dont nous démontrons l'impudeur, et que des recommandations puissantes ont accrédité comme étant l'expression apostolique de la vérité et le développement pratique des idées émises par Sa Majesté sur la civilisation des Indigènes, dans le discours prononcé par Elle à Alger au banquet offert par la municipalité !

Oui, fatalité, nous le voulons bien !

Mais, au-dessus de ce dogme de l'Islamisme, il y a celui de la Providence chrétienne qui triomphe toujours en France, pour l'accomplissement de sa mission dans le monde : *gesta Dei per Francos.*

Notre mission est de renouveler la face de l'Algérie par la colonisation agricole européenne : *et renovabis faciem terræ*, et nous ne faillirons pas à cette tâche difficile, avec le concours de la colonisation commerciale et industrielle, dont nous allons constater l'*avoir* au progrès algérien.

### COLONISATION COMMERCIALE.

Comme l'illustre Sinon, au siége de Troie, l'Oracle de l'administration indigène a inventé UN CHEVAL DE

BOIS, pour faire pénétrer l'ennemi dans la place forte de la colonisation agricole de l'Algérie.

Voici l'invention :

« La colonisation doit prendre un caractère nouveau. L'Immigrant ne doit plus venir disputer à l'Indigène des parcelles de terre pour en former de petites propriétés individuelles où il végète entre la misère et la maladie. IL FERA DE LA COLONISATION COMMERCIALE ET INDUSTRIELLE. A lui, appartiendra l'exploitation des forêts, où abondent les bois d'œuvre; à lui, les chênes-lièges, les oliviers et les nombreuses industries qui s'y rattachent ; les marbres et les albâtres, les mines, les minoteries et les amidonneries, la salaison des viandes, le tannage des peaux, le tissage des laines, etc. » (Page 45.)

En lisant ces lignes, on dirait, vraiment, que la colonisation algérienne a attendu, les bras croisés, d'y être sollicitée par les accusations les plus étranges, pour se lancer dans les voies du commerce et de l'industrie.

Il est vrai que ces lignes n'ont pas été écrites pour des lecteurs algériens, mais pour les Troiens de France, peu au courant des affaires de l'Algérie (1) et tout dis-

(1) Exemple de l'ignorance des choses de l'Algérie en France :

Un de nos jeunes compatriotes est venu passer l'hiver à Alger, et il néglige de donner de ses nouvelles à sa famille. Elle est inquiète, cela se comprend ; mais devinez à qui elle écrit pour savoir s'il est vivant ou mort ? A MONSIEUR LE CONSUL DE

posés à se rendre aux conseils de Sinon, surtout lorsqu'ils promettent fortune et santé au lieu de misère et maladie.

On s'y est laissé prendre, et plus d'un partisan éclairé de la colonisation agricole s'est dit en lisant la brochure: « *L'auteur a raison sur ce point.* »

Il aurait raison, certes, si le commerce ne s'était déjà, et depuis longtemps, emparé, dans la limite du possible, de tous les produits exploitables ; si l'industrie n'avait même devancé le moment où elle doit s'établir utilement en Algérie; car, en matière de colonisation, il est à peu près admis, comme règle générale de prudence, de n'immobiliser dans la culture des terres que les bénéfices préalablement réalisés dans le commerce et l'industrie.

Mais, en Algérie, avec des Arabes improducteurs qui détiennent tout le sol, avec des Kabyles, plus laborieux il est vrai, mais resserrés dans des montagnes où chaque habitant n'a que 63 ares — c'est notre adversaire qui le dit (page 33) — quelles branches de commerce ou d'industrie autres que celles exploitées, pouvaient être prudemment abordées? On a fait des miracles pour arriver aux chiffres actuels d'importation et d'exportation. Nous le demontrons, en commençant par l'examen de la situation du commerce.

FRANCE, A ALGER. Et le signataire de la lettre est un homme très-connu pour avoir occupé une haute position dans l'instruction publique à Paris.

On croit donc à Paris que l'Algérie est un royaume arabe dans lequel les Français sont sous la protection consulaire !!!

Sur 38 articles énumérés dans l'état des exportations de l'Algérie, en 1862, onze seulement sont fournis, sinon exclusivement, du moins principalement par les Indigènes, savoir : 1° bêtes de somme, 2° bêtes bovines, 3° bêtes à laine, 4° sangsues, 5° peaux brutes, 6° laines en masse, 7° cire brute, 8° os, sabots et cornes de bétail, 9° blé, 10° orge, 11° huile d olives ; les 27 autres articles sont produits par le travail colonial.

Nous le demandons à tout homme éclairé et de bonne foi, l'Indigénat offre-t-il et peut-il offrir au commerce, dans l'état actuel de sa production, d'autres articles que ceux énumérés ci-dessus ?

Et encore, que d'exigences faut-il subir, que de sacrifices faut-il s'imposer, que de surveillance minutieuse faut-il exercer, pour obtenir ces produits dans des conditions marchandes ?

Le plus souvent, le commerçant devra se rendre dans les tribus, passer des marchés à livrer qui n'engagent sérieusement que l'acheteur, faire des avances considérables d'argent dont le remboursement n'est pas toujours garanti, surveiller avec le plus grand soin les réceptions pour éviter les fraudes, surmonter souvent les plus grandes difficultés pour les transports sur le littoral, accompagner même les convois pour éviter les avaries, les pertes ou les détournements.

Encore, quelques-uns de ces produits doivent-ils à l'intelligence du colon une partie de la faveur dont ils jouissent sur les marchés d'Europe :

Le blé dur des Arabes, principal article de leur production, ne serait guère recherché que pour la fabrication des semoules et des pâtes d'Italie, si la minoterie et la boulangerie coloniales n'en avaient généralisé l'emploi en consacrant quinze années d'expériences coûteuses à le rendre propre à la panification ;

L'huile fabriquée par les Européens, avec les olives de la production kabyle, a gagné 25 p. 0/0 en rendement et 50 p. 0/0 en valeur marchande : bonne jusque-là à la saponification seulement, elle rivalise aujourd'hui avec les meilleures huiles à manger de Provence ;

Les laines en masse ont besoin d'être triées, nettoyées, lavées, avant d'être livrées à la consommation ; c'est encore l'Européen qui fait ce travail ;

La plupart des bêtes bovines et ovines, achetées aux Indigènes pour l'exportation, doivent passer par les écuries et les étables des colons, avant l'embarquement, d'abord pour y prendre un peu de graisse, ensuite pour s'habituer aux fourrages secs dont elles feront usage pendant la durée de la traversée ;

Les sangsues elles-mêmes, pêchées par les Indigènes, sans discernement, nécessitent, avant l'embarquement, pour éviter des pertes considérables, une station souvent prolongée dans les viviers des Européens ;

Les os, les sabots, les cornes de bétail, resteraient sans valeur si les Européens ne prenaient la peine de les faire ramasser, et encore est-il douteux que les Indigènes des tribus en fournissent beaucoup. Combien de fois, après les épizooties qui atteignent si souvent le bétail arabe, n'avons-nous pas vu les champs couverts de squelettes abandonnés à la dent des bêtes fauves ?

Le commerce algérien exploite donc, à peu près, tout ce que la production indigène peut lui fournir.

Sans doute, le pays peut et doit donner plus au commerce, surtout en produits naturels ; mais la routine arabe, le manque de routes, la difficulté des relations, présentent encore bien des obstacles à surmonter. Et on les surmontera, par les exemples que les colons agricoles donneront aux Indigènes, beaucoup plus rapidement que par la division du travail tant recommandée.

Si, des articles d'exportation, nous passons aux articles d'importation, voici ce que nous constatons :

Sur 41 articles énumérés dans l'état des importations, 12 seulement entrent dans la consommation indigène : les six premiers, pour une part importante, les six derniers, pour une part minime, savoir : 1° tissus de coton, 2° tissus de laine, 3° tissus de soie, 4° cafés, 5° sucres bruts, 6° tabacs, 7° mercerie commune, 8° fonte, fer et acier, 9° pommes de terre (pour semence), 10° poterie de terre grossière, 11° faïence commune, 12° papier. Les 29 autres articles sont presqu'exclusivement à l'usage des Européens.

La part prise par les Indigènes à la consommation des articles d'importation produits ou fabriqués dans la métropole, est encore minime, dira-t-on, eu égard à leur nombre. C'est vrai. Mais, dans l'état d'isolement et de civilisation où on les maintient, est-il réellement permis de reprocher au commerce de n'avoir pas assez fait, pour les amener à sortir de leurs cachettes les valeurs monétaires qu'ils y ont enfouies et les échanger contre des produits dont quelques-uns, certes, ne seraient pas superflus?

Que de difficultés, au contraire, n'a-t-il pas fallu vaincre pour les rendre tributaires de nos fabriques et substituer nos tissus à ceux confectionnés sous la tente.

Un exemple, entre mille, prouvera à nos adversaires que le sacrifice de la colonisation agricole n'est pas nécessaire pour ouvrir au commerce et à l'industrie de la métropole de nouveaux débouchés.

A peu près vers la cessation des hostilités, en 1843 ou 1844, un des plus honorables négociants d'Alger, M. David Schreider — plus communément connu sous le nom de David — homme d'expérience, acquise à l'école anglaise, à Calcutta, dans l'Inde, comprit, qu'après douze années de guerre, les Arabes devaient avoir le plus grand besoin de vêtements, et que la fabrique domestique des tentes ruinée, anéantie dans les déplacements continuels des tribus, ne pouvait de longtemps pourvoir aux demandes. Il fit plus que de songer à entrer en concurrence, il résolut de ne pas laisser rétablir les métiers arabes, idée féconde, qui devait affranchir la femme indigène de la lourde tâche du tissage et procurer aux ouvriers de nos villes manufacturières du travail et au commerce métropolitain des bénéfices sur une somme annuelle de vingt millions de produits. A cet effet, il réunit sur place tous les échantillons de tissus à l'usage des Indigènes et convaincu, après de longues études, que la fabrication mécanique pouvait, avec l'avantage de la vapeur sur la force des bras de femmes, remplacer la fabrication à la main, il partit pour France.

Comme il arrive presque toujours en matière d'innovations, personne ne voulut même écouter M. Schreider, et il dut, au risque de passer pour un malfaiteur, forcer la consigne des Tuileries et invoquer le haut patronage du Souverain. Heureusement, Louis-Philippe comprit rapidement la solidité des idées de l'honorable négociant et ordonna à son ministre du commerce de l'appuyer de tout son crédit près des fabricants de la Seine-Inférieure.

Mais, pour fabriquer de nouveaux articles, de nouveaux métiers et un nouvel apprentissage étaient à faire, et patrons et ouvriers hésitaient, refusaient, attendu que le travail demandé n'avait et n'a encore d'autre débouché que la consommation indigène de l'Algérie.

Pour vaincre les résistances de la fabrique française, M. Schreider, sans craindre de compromettre toute sa fortune, s'engagea dans l'entreprise par une première commande de CINQ MILLIONS de francs.

Le succès couronna tant d'efforts : la première expédition trouva placement immédiat ; on continua, et aujourd'hui, le mouvement des machines suit celui des expéditions journalières.

En 1854, ce n'est plus ni une ni deux fabriques, comme au début, qui travaillent pour l'Algérie ; on compte, dans le département de la Seine-inférieure seulement, plus de vingt usines importantes qui se font concurrence pour la production des calicots, madapolams, rouenneries et autres articles consommés par les Indigènes.

A Tarare, à Lyon, à Nîmes, d'autres fabricants, encouragés par le succès des Rouennais, sont entrés dans la même voie, et l'Algérie compte dans les débouchés de la fabrication française pour un chiffre important : 127,835,005 francs pour les années 1859, 1860, 1861 et 1862.

Estimer à CINQ CENTS MILLIONS le chiffre d'affaires ou de travail que la bonne idée de M. Schreider a valu à la France, depuis sa visite à Louis-Philippe, est un *minimum*.

Mais qui pourra jamais estimer la somme de bien-être que cette révolution économique a produite dans la famille indigène : soins plus assidus donnés à l'enfance, à la propreté générale, à la préparation des aliments, à l'entretien de tout ce qui constitue la richesse de la tente et, comme conséquence, amélioration de la santé et plus grande durée de la vie ? Il faut, comme nous, avoir vécu au milieu des tribus, de 1834 à 1842 et, depuis, de 1852 à 1860, pour apprécier les services que la fabrique française, grâce à M. Schreider, a rendus à la civilisation des Indigènes.

Sans doute, si cet honorable négociant avait été nommé CHEVALIER DE LA LÉGION D'HONNEUR, ceux dont les services obtiennent si facilement cette récompense auraient probablement appris par le BULLETIN DES ACTES OFFICIELS qu'il y avait en lui UN HOMME ET UNE IDÉE ; mais M. Schreider est mort depuis plus de dix ans, et, si la Chambre de commerce d'Alger n'avait décidé que son portrait serait peint à ses frais et ornerait sa salle des délibérations, rien ne rappelerait à nos enfants la mémoire d'un concitoyen si utile à son pays d'adoption. M. le Conseiller du Gouvernement qui ne lit pas les travaux des chambres de commerce,—*de minimis non curat prætor*—est donc excusable, jusqu'à un certain point, de signaler comme étant à faire, ce qui est réalisé depuis longtemps.

La conquête de M. Schreider, pour les tissus, a eu des imitateurs pour les autres articles consommés par les Indigènes. Passons à un autre ordre de progrès réalisés par le commerce.

Quoiqu'on ait l'air de nier le commerce algérien, puisqu'on le convie à naître ; quoiqu'on le dise (page 54) assez pauvre en négociants « pour être obligé, à Alger même, de faire appel aux détaillants, à l'effet de composer la chambre et le tribunal de commerce, » on lui adresse des reproches, cependant, et quels reproches !

« On n'a même pas cherché une solution économique nouvelle, alors pourtant que les théories du libre échange, du crédit, de l'association, étaient soumises, en Europe, à une ardente élaboration et marchaient rapidement vers la pratique. » (Page 61.)

Relisons cette belle phrase et demandons au lecteur, quel qu'il soit, commerçant, industriel ou cultivateur, s'il ne regrette pas, comme nous, que la pruderie de la langue française interdise la liberté de langage propre au latin, pour infliger à de telles paroles le seul châtiment qu'elles méritent.

Mais à quoi bon ! Sinon s'inquiète peu et de l'opinion que ses contemporains ont de sa conduite et de l'épithète flétrissante que l'histoire infligera à son nom. L'important pour lui est de faire pénétrer son cheval de bois dans la place assiégée.

Mais nous savons qu'il contient l'ennemi dans ses flancs et moquons-nous de la fourberie.

Comment ! depuis que des chambres de commerce existent en Algérie, elles n'ont cessé de demander, chaque année, la liberté commerciale, même la franchise des ports ; en ce moment encore, après avoir beaucoup obtenu, elles sollicitent la suppression absolue du droit de tonnage, et un Conseiller du Gouvernement reproche au commerce de n'avoir pas élaboré les théories du libre échange !

Comment ! quand, après le refus de la Banque de France de fonder une succursale en Algérie, le commerce algérien a réussi à se doter d'une banque spéciale représentée à Alger, à Oran et à Constantine ; quand, à Alger seulement, trois établissements secondaires : la *Caisse du commerce algérien*, la *Caisse d'escompte et de recouvrements*, le *Comptoir algérien de circulation*, fonctionnent à côté de la *Banque de l'Algérie*, toutes institutions fondées par l'association des capitaux algériens, un Conseiller du Gouvernement reproche au commerce de ne pas s'occuper de crédit !

Le reproche de n'avoir pas songé à la puissance de l'association est encore plus audacieux, car rien d'un peu important ne se fait en Algérie que par l'association.

En matière d'association, on est arrivé à ce point

que beaucoup de personnes se plaignent de l'accaparement de certaines industries ou branches de commerce par des corporations de Maltais, de Sardes, d'Israélites indigènes.

Faudra-t-il que nous apprenions à un bon musulman, à un apôtre de la civilisation des Indigènes, comme l'auteur de l'ALGÉRIE FRANÇAISE, qu'en 1861 M. Emile Robert, banquier, ancien président de la Chambre de commerce d'Alger, membre du Conseil général de la province, a déposé aux minutes de Me Didier, notaire, les statuts d'une BANQUE AGRICOLE DE L'ALGÉRIE, dont le principal but, dit l'*Exposé des motifs*, était de délivrer les tribus de l'usure, en prêtant aux cultivateurs indigènes aussi bien qu'aux européens, les sommes nécessaires au développement de l'agriculture, à l'amélioration du bétail et de l'outillage agricole ?

Ce projet, accueilli d'abord avec faveur par l'administration indigène, n'a pu aboutir, faute de concours de la part de ceux qui avaient le plus grand intérêt à en assurer le succès, quoique plus d'un Indigène, même du Sahara, ait écrit à l'auteur de ce projet, pour consacrer leurs épargnes à sa réalisation.

On s'est donc occupé, en Algérie, de libre échange, de crédit, d'association, non en *théorie* mais en *pratique*. S'il n'en était pas ainsi, comment M. de Forcade La Roquette, après une enquête minutieuse sur le commerce, aurait-il pu dire dans son rapport :

« L'Algérie offre aujourd'hui à la France un marché de consommation plus considérable que toutes ses autres colonies ensemble. En 1861, l'île de la Réunion, la Guadeloupe, la Martinique, le Sénégal, la Guyane, nos comptoirs des Indes n'ont demandé à l'importation française que pour 110 millions de produits, tandis que l'Algérie demande, achète et consomme bien davantage.

» En 1861, le commerce de l'Algérie dépasse 228 millions (valeurs réelles) qui se décomposent de la manière suivante :

| | | |
|---|---|---|
| » Importations de France en Algérie, | 137 millions | |
| » Exportations d'Algérie en France, | 63 | — |
| » Commerce avec les pays étrangers, | 28 | — |

» Si l'on excepte l'Angleterre, les Etats-Unis et les nations voisines, telles que l'Allemagne, l'Italie et l'Espagne, l'Algérie assure à la métropole plus de débouchés que les autres pays du monde et notamment que la Russie, les Pays-Bas et toutes les populations musulmanes, prises dans leur ensemble et répandues en Turquie, en Egypte, au Maroc et à Tunis.

» L'Algérie a donc traversé la période de difficultés et d'épreuves que rencontrent presque toujours les établissements nouveaux : on peut dire qu'elle les a aujourd'hui surmontées. Les colonies anglaises de l'Amérique du Nord, si puissantes depuis la guerre de l'indépendance, ont eu des commencements plus difficiles et ont fait des progrès moins rapides que les possessions françaises du Nord de l'Afrique.

» En 1774, — c'est-à-dire après plus d'un siècle d'existence sérieuse, — les importations dans les colonies d'Amérique n'offraient encore à l'Angleterre qu'un débouché de 67 millions, beaucoup moindre assurément que le débouché ouvert dès à présent à la France par l'Algérie. »

C'est un grand dignitaire de l'Etat, sénateur, ministre-organe du gouvernement, ancien ministre des finances qui, après une enquête faite sur les lieux, donne un tel certificat de haute intelligence au commerce algérien.

Et le canal de Suez, dont l'Algérie est une étape, n'est pas encore ouvert !

Et le commerce de l'Algérie avec le Sahara et l'Afrique centrale, objet d'un traité récent avec les Touâreg, n'a pas encore apporté son contingent à l'expansion commerciale de la France dans l'intérieur du continent !

Dieu veuille que les plaintes, fondées ou non, de M. Carlos Mazurel, de Tourcoing, mais qui ont eu en France un grand et triste retentissement n'apportent pas un temps d'arrêt aux bonnes dispositions du ministère du commerce et des principales chambres de commerce de la métropole pour l'expédition d'une caravane d'essai dans l'intérieur de l'Afrique.

Tant que le représentant d'une des maisons les plus considérables de France pourra, sans être convaincu de calomnie, apprécier la sécurité dont jouit le commerce dans une partie de l'Algérie, ainsi qu'il suit :

« Une chose, Sire, qui vous paraîtra incroyable, c'est qu'au Maroc, en Syrie et dans le Levant, le commerce des laines trouve une sécurité beaucoup plus grande que dans un pays gouverné par des Français et soumis au régime de la loi française. Je puis prouver qu'à Marseille se trouvent des maisons qui, moyennant deux pour cent, se chargent des envois de fonds au Maroc, en Syrie et dans le Levant, garantissant leur rentrée à une époque déterminée à l'avance. Il n'y a pas d'exemple, dans ces pays réputés barbares, de faits comme ceux que je vous signale ; ces mêmes maisons ne voudraient, à aucun prix, faire ce genre d'opérations en Algérie. » (*Pétition à l'Empereur.*)

Oui, tant que ces faits signalés au commerce français n'auront pas été démentis, il n'y a pas à espérer le concours des maisons de France pour le commerce du Sahara et de l'Afrique centrale.

Une enquête est ordonnée ; puisse-t-elle, dans l'intérêt de la Colonie, démontrer que M. Carlos Mazurel s'est trompé.

Hâtons nous de dire, toutefois, que les faits, vrais ou faux, relatés dans la plainte du négociant de Turcoing, n'ont pu se produire que dans la partie de la Colonie où le voisinage de tribus indépendantes des gouvernements algérien et marocain exige des précautions exceptionnelles de prudence.

Cependant, malgré cette circonstance atténuante, si l'enquête confirmait quelques-uns des faits cités par M. Carlos Mazurel, ils ne prouveraient encore qu'une seule chose : c'est qu'on peut être un excellent militaire, avoir rendu, en cette qualité, de très-grands services à son pays, et ne pas comprendre que les intérêts civils exigent des garanties toutes spéciales de sécurité qu'une administration civile, des tribunaux civils, peuvent seuls donner.

COLONISATION INDUSTRIELLE.

L'industrie algérienne, dans ses rapports avec les produits ou les besoins qu'elle exploite, doit être divisée en trois grandes branches distinctes quoique toutes trois rattachées à un tronc commun par le concours réciproque qu'elles se prêtent entr'elles.

L'une de ces branches, plus spécialement urbaine, satisfait aux besoins de la construction, de l'habitation, du vêtement, de la consommation et des mille petits détails nécessaires à toute société civilisée; malgré son importance relative, nous lui donnerons le nom de PETITE INDUSTRIE, parce qu'elle exerce son action par une foule de petits métiers.

La seconde branche, partie urbaine, partie rurale, a principalement pour base l'exploitation des besoins ou des produits de la colonisation agricole européenne, et quoiqu'elle doive principalement appeler notre attention, nous ne lui donnerons que le titre modeste d'INDUSTRIE MOYENNE.

La troisième branche, que nous appellerons GRANDE INDUSTRIE, est celle que l'on convie à l'exploitation de toutes les richesses naturelles du sol et, pour le développement de laquelle, on demande de renoncer à la colonisation agricole.

Nous ne nous occuperons pas de la petite industrie dont l'existence est subordonnée aux progrès de la colonisation sous ses trois formes, qui prospère ou languit suivant la marche générale de la production du pays et des affaires auxquelles elle donne lieu.

Nous nous bornerons à mettre en regard la situation de l'industrie moyenne avec celle de la grande, afin d'apprécier l'importance relative des résultats obtenus par l'une et par l'autre et juger si « la colonisation doit prendre un caractère nouveau, » c'est-à-dire, renoncer à la colonisation agricole européenne, pour les belles promesses faites au nom de la grande industrie.

Dans cet examen comparé, nous nous appuyerons principalement sur les résultats constatés dans les documents officiels.

*Grande Industrie.*

Voici ce que l'auteur de l'ALGÉRIE FRANÇAISE offre à son activité : (Page 43.)

« Exploitation des forêts où abondent les bois d'œuvre, de construction et d'ébénisterie, les madriers, les poutres, les mâts de navire, les merrains, les traverses de chemins de fer ;

» Exploitation des chênes-lièges, des oliviers, avec les nombreuses industries qui s'y rattachent : conserves, tourteaux, huiles, savons, etc ;

» Exploitation des marbres et des albâtres ;

» Exploitation des mines de plomb argentifère, de cuivre, de fer, de zinc, d'antimoine. »

Et jugez quel vaste champ d'activité est ouvert au travail européen par ces exploitations ! Notre auteur « évalue (page 44) à la somme de 200 millions de francs les salaires annuels qu'entraînerait la mise en valeur de toutes ces richesses naturelles. »

O Troïens ! comprenez-vous combien l'invention de Sinon est féconde ! Vous auriez là de quoi dépenser DEUX CENTS MILLIONS par an, en main-d'œuvre seulement !!!

Mais que rapporterait cette dépense annuelle ? Voilà ce que se demandent ceux qui répètent avec le poète :

*Timeo Danaos et dona ferentes,*

et, pour s'éclairer, ils ouvrent les *Tableaux de la situation de l'Algérie*, publiés annuellement par le gouvernement général de la colonie, et voici ce qu'ils y lisent :

*Exploitation des forêts :* « Au 31 décembre 1862, étaient concédées, savoir :

| | | |
|---|---|---|
| Pour 99 ans, chênes-lièges. . | 119,487 | hectares. |
| Pour 40 ans, id . . | 17.590 | — |
| Provisoirement. id. . . | 13 951 | — |
| Pour 18 ans. chênes zéens. . | 17,955 | — |
| A long terme, oliviers . . . | 6,336 | — |
| Total. . . | 175.329 | hectares. » |

Quelques-unes de ces concessions remontent à 12 ans.

Sur 14 des concessions de chêne-liège, aucune dépense n'avait été faite par les concessionnaires.

Sur 23 concessions, de même essence, comprenant 93,657 hectares, il avait été dépensé, tant en constructions qu'en ouvertures de routes et sentiers, démasclage et débroussaillement des arbres, la somme de 3,151,154 fr., soit 33 francs par hectare.

Et, dans la même année, le tableau des exportations constate qu'il est sorti de l'Algérie 107,773 kilogrammes de liége brut d'une valeur de 64,634 francs seulement.

Pas de bois d'œuvre, de construction et d'ébénisterie, pas de madriers, pas de poutres, encore moins de mâts de navires, de merrains, de traverses de chemin de fer!!

(Voir, pour contrôle, *Tableau de la situation de l'Algérie*, en 1862, pages 237, 312, 313, 314, 315, 316 et 317.)

Pour mémoire seulement, nous rappellerons qu'une partie considérable de ces forêts a été incendiée en 1865.

*Exploitation des mines* : « Au 31 décembre 1862, l'Etat avait concédé 15 mines comprenant une étendue de 50,577 hectares et accordé 45 permis d'exploration, dont deux arrivés à un degré de développement permettant d'instruire la demande en concession. »

Mais, sur les quinze mines concédées, quatre seulement étaient exploitées.

Leur exploitation a produit, dans l'année, savoir :

Mine de Gar-Rouban 27.291 quintaux de plomb sulfuré, d'une valeur de 495,765 fr., somme inférieure de 58,469 fr. à celle dépensée ;

Mine d'Oum-et-Teboul, 36,854 quintaux de plomb argentifère, d'une valeur de 275, 273 fr.;

Mine des Karezas, 172,624 quintaux de fer d'une valeur de 134,707 fr ;

Mine de Ras-el-Ma, 5,500 quintaux de sulfure de

mercure, estimés, probablement par erreur, comme ayant une valeur de 3,500 fr.

Ces quatre mines, qui ont employé, en moyenne, 518 ouvriers toute l'année, dont la main-d'œuvre a dû être payée, au *minimum* 500,000 fr., sans compter la consommation journalière de 3 appareils à vapeur, de la force de 72 chevaux, n'ont produit en tout qu'une valeur de 939,249 francs.

Si l'on défalque de ce chiffre de produits la dépense de la main-d'œuvre, de la consommation en charbon, de l'entretien des machines, de l'outillage et des bâtiments, que reste-t-il pour l'intérêt du capital immobilisé ?

La situation des concessions inexploitées va nous l'apprendre

Pour les six mines de cuivre abandonnées, voici ce que nous apprend le service des mines lui-même :

Celles de l'Oued-Taffilès et du Cap-Ténès sont délaissées depuis 1849, parce que les gîtes concédés ne paraissent pas avoir une grande importance industrielle ;

Celle des Beni-Aquil, concédée en 1861, attend sous la surveillance d'un gardien, que la compagnie concessionnaire ait surmonté les embarras financiers qui arrêtent sa constitution ;

Celle de l'Oued-Merdja a suspendu ses travaux en 1854, à la suite d'une faillite qui a englouti le fonds social ;

Celle de l'Oued-Allela est abandonnée depuis 1858, à la suite d'une faillite aussi, qui a entraîné la vente de son matériel, à l'exception des machines à vapeur qui n'ont même pas trouvé d'acquéreurs ;

Celle de Mouzaïa, si célèbre par la triple déconfiture de la compagnie concessionnaire, de la compagnie de l'usine de Caronte et de la compagnie fermière, est complètement abandonnée depuis le 27 septembre 1860, et, pour reprendre aujourd'hui les travaux d'exploitation, il y aurait à faire de grands travaux de reconnaissance.

Pour les quatre concessions de mines de fer : au Bou-Hamra, à la Meboudja, à Ain-Mokha, au Filfila, l'état de la mise en exploitation est purement négatif, ainsi que celui de la mine d'antimoine d'El-Hamimate, sans qu'il soit donné aucune explication au sujet de l'inexploitation de ces mines.

Le silence de l'administration indique assez des résultats négatifs.

*Exploitation des substances minérales non métalliques* : « L'Algérie, dit le *Tableau de la situation*, en 1862 (page 256), est cependant riche en marbres, en grès, en pierres lithographiques ; mais, ajoute-t-on, peu de carrières sont exploitées. »

On cite comme ayant une valeur réelle :

Les marbres gris, veinés de rouge, du cap Matifou, près d'Alger ;

Les marbres d'Ain-Ouïnkel, près d'Arzew, veinés de rose et de rouge acajou ;

Les marbres onyx de l'Isser, entre Oran et Tlemcen, que l'on croit être l'albâtre translucide des Romains, si recherché pour l'ornementation des édifices, aussi bien que pour la confection des objets d'art et de luxe ;

Les marbres du Fort-Génois, près Bône, essentiellement propres au dallage des cours, au revêtement des cheminées ;

Les marbres du Filfila, près de Philippeville, qui peuvent offrir à la statuaire de précieuses ressources ;

Les grès secondaires au Sud de Bône, qui renferment des gisements de meulières comparables, pour la qualité, aux pierres même de la Franconie ;

Enfin, les gisements considérables de pierres lithographiques sur la route de Dellys à Alger.

Aucun de ces riches produits ne figure au tableau des exportations de 1862. Pourquoi ne sont-ils pas exploités ? Nous le dirons; mais nous avons préalablement à faire connaître la situation de l'industrie moyenne, de celle qui s'appuye sur la colonisation agricole du pays par des Européens. Quand nous aurons mis en regard les deux situations, on comprendra plus facilement la vérité.

### *Industrie moyenne.*

Une enquête administrative, dit le *Tableau de la situation de l'Algérie*, pour 1862 (page 226), est actuellement ouverte, dans les trois provinces, sur la situation des industries de toute nature exercées dans les différents centres de population. Cette enquête n'est point encore terminée ; mais il résulte des documents parvenus à l'administration qu'il existe, DANS LE SEUL DÉPARTEMENT D'ALGER, 813 usines, fabriques et ateliers, représentant une valeur de 9,238,300 fr., et livrant au commerce, année moyenne, pour 18,383,905 fr. de produits fabriqués.

L'Administration a livré à la publicité le tableau de l'état actuel de l'industrie dans le département d'Alger et elle annonce, pour l'année prochaine, le même état pour l'ensemble des trois provinces, aussi bien pour les territoires civils que pour les territoires militaires, Indigènes et Européens compris.

Quoique nous regrettions de ne pas avoir sous nos yeux les éléments de discussion au complet, nous pouvons cependant, avec l'inventaire de la situation industrielle pour un département et les tableaux des salaires industriels pour les deux autres, porter un jugement irréprochable sur l'ensemble des affaires de l'industrie moyenne en Algérie.

D'après l'état de situation de l'industrie dans le département d'Alger, on y compte : 47 briqueteries et tuileries, 18 brasseries, 14 bourrelleries et selleries, 10 fabriques de crin végétal, 53 ateliers de charrons et forgerons, 1 fonderie de suif, 26 tanneries, 8 fabriques de liqueurs, 1 fabrique de sparterie et paillassons, 77 minoteries, 5 ateliers de mécaniciens et fondeurs, 1 usine à gaz avec fabrique de coke, goudron et chaux, 2 vinaigreries, 6 grandes fabriques de cigares et tabacs, 1 atelier d'égrenage de coton, 1 fabrique d'amidon, 4 raffineries de sel, 12 carrières à pierres, 1 lavoir de laines, 5 distilleries d'essences, 1 filature de soie, 1 saline artificielle, 2 ateliers de charpentiers, 1 moulin à huile, 1 fabrique de pâtes d'Italie, 2 fours à plâtre, des fours à chaux en nombre indéterminé.

Ces établissements emploient 1,693 individus, qui

produisent une valeur moyenne de matières fabriquées s'élevant, annuellement, à DIX-HUIT MILLIONS environ. Dans ce chiffre, les minoteries et les fabriques de pâtes d'Italie entrent pour plus de ONZE MILLIONS.

Comme on le voit, sauf l'usine à gaz d'Alger, pour la part qu'elle prend à l'éclairage de la ville, mais non pour sa production de coke, goudron et chaux, on n'a compris dans l'inventaire ci-dessus que les industries qui ont pour base la colonisation agricole, ce que nous appelons l'industrie moyenne et non celles de la petite industrie des métiers et professions qui ont principalement pour objet l'exploitation des besoins des populations urbaines.

Si, maintenant, à défaut de semblable inventaire pour les départements d'Oran et de Constantine, nous estimons leurs deux valeurs industrielles réunies à l'égal seulement de celle du département d'Alger, nous trouvons au total : 1,626 usines, fabriques et ateliers, représentant une valeur de 18,476,600 francs et livrant au commerce, année moyenne, pour 36,771,810 francs de produits fabriqués.

En nous bornant à doubler les chiffres officiels résultant de l'inventaire fait dans le département d'Alger, au lieu de les tripler, pour représenter la richesse industrielle des départements d'Oran et de Constantine, nous restons volontairement au-dessous de la vérité, afin qu'on ne nous accuse pas de partialité en faveur de la colonisation agricole.

Malgré notre réserve, nous trouvons, du côté de l'industrie moyenne, plus de dix-huit millions de capitaux immobilisés et plus de trente-six millions de produits annuels, tandis que, pour la grande industrie, nous sommes en face d'une insuffisance notable de capitaux et d'une production à peu près nulle.

Pourquoi les capitaux offrent-ils leur concours à l'industrie moyenne et le refusent-ils à la grande industrie ?

Pourquoi !!! c'est que les capitaux sont intelligents et recherchent, avant tout, les bonnes affaires.

Ils trouvent une base solide dans la colonisation agricole et ils la préfèrent. Malgré la richesse des forêts, des mines, des carrières, disséminées au hasard, sur tous les points du pays, loin des routes ouvertes, loin des ports d'embarquement, souvent dans des contrées insalubres que la culture européenne n'assainit pas, les capitaux fuient la grande industrie, parce qu'elle n'est pas encore viable, parce que, pour offrir de meilleures conditions de succès que par le passé, il faut que la colonisation agricole européenne, seule base de sécurité dans ce pays, progresse encore et prête le concours de sa puissance à ceux qui la méconnaissent.

Un détail important démontre que notre industrie, à base agricole, ne comprend pas que des établissements temporaires et en plein vent.

Le nombre des appareils à vapeur reconnus, en 1862, dans les trois provinces, est de 146 ; leur force en chevaux est évaluée à 578.

A l'exception des 5 appareils des établissements de mines, des 8 locomotives du chemin de fer et de trois machines employées aux travaux des ports, tous ces appareils à vapeur servent aux travaux de la branche de l'industrie plus spécialement colonisatrice. Parmi ces machines à vapeur, on remarque surtout les 6 locomobiles de M. Paul Delavigne, de la force de 39 chevaux, qui rendent tant de services pour le battage des grains, au moment où la rentrée des récoltes absorbe tant de bras.

Renoncer à l'industrie moyenne et à la colonisation agricole qui l'alimente, pour adopter exclusivement la grande industrie de l'exploitation des forêts, des mines, des carrières, etc., etc., est donc une erreur—si erreur il y a—qui n'a pu être commise qu'en regardant par le gros bout de la lunette.

Les adversaires de la colonisation européenne connaissent la vérité aussi bien que nous, et, en nous proposant un nouveau mode de colonisation, ils savaient bien quel stratagème ils employaient.

Les flancs de leur cheval de bois sont ouverts maintenant à tous les yeux, et M. le Conseiller du Gouvernement n'aura pas, comme Sinon, la joie de conduire à bonne fin sa perfidie.

Seule, l'industrie que crée la colonisation agricole existe, parce que, seule, dans l'état actuel du pays, elle peut exister.

Combien serait-elle plus prospère, si des circonstances, indépendantes de la volonté des colons, n'étaient venues l'arrêter dans ses progrès?

Des madragues, pour la pêche du thon, ont été installées à Arzew et à Sidi-Ferruch ; un atelier de conserves de sardines a été créé à Alger; une usine à vapeur pour la trituration des graines oléagineuses, plus tard transformée en scierie mécanique à placage; des chantiers de constructions maritimes ont tenté de s'élever dans tous nos ports principaux ; tous ces établissements, fondés à grands frais, ont dû disparaître devant les exigences d'un régime douanier qui, pour protéger le travail national, prohibait, en France, le seul marché qui leur fût alors ouvert, l'entrée aux produits de l'industrie algérienne.

Deux magnifiques fonderies ont été fondées en vue d'un réseau de chemins de fer décrété depuis longtemps ; les ajournements successifs de l'entreprise principale ont fait fermer des établissements qu'elle devait alimenter.

Une papeterie sur l'Harrach, des usines nombreuses pour la distillation du sorgho et de l'asphodèle, d'autres industries encore, créées prématurément peut-être, ont démontré combien l'esprit d'initiative est puissant chez les colons. L'insuccès de ces entreprises ne tiendrait-il pas au temps d'arrêt que subit la colonisation agricole depuis cinq ans au moins ?

L'initiative individuelle ! mais elle a fait des prodiges en Algérie.

Dès 1842, M. Redon avait fait les études du chemin de fer d'Alger à Blidah ;

Depuis, d'autres ont dressé l'avant-projet qui a servi de base aux décrets par lesquels l'Algérie est dotée d'un réseau général ;

Parallèlement marchait l'étude de l'aménagement de toutes les eaux courantes, et un projet, complètement étudié pour l'Oued-Hamis, était présenté à l'administration par M. Granger ;

La conservation des grains dans des silos perfectionnés, problème dont la solution est de la plus haute importance, marchait rapidement vers le succès.

Si, de ces résultats généraux, nous entrons dans le domaine des applications spéciales, nous trouvons à l'avoir de l'industrie algérienne :

La découverte des blocs artificiels, origine de si grands progrès dans les constructions à la mer ;

La découverte du crin végétal, qui a procuré à l'Algérie un débouché considérable, pour un produit sans valeur, et qui a donné un développement considérable à l'industrie du tapissier en France ;

La découverte, dans les fibres du diss, de l'alfa, du palmier nain et autres plantes, très-communes en Algérie, des éléments de fabrication d'une bonne pâte à papier, rivale de celle des chiffons, de plus en plus difficile à se procurer ;

La découverte du coltar vulcanisé, si utile pour préserver les constructions souterraines de l'humidité ;

La découverte de l'essence de jasmin, dont la distillation était déclarée impossible ;

La découverte de la fixation de parfums, jusque-là difficiles à conserver ;

Enfin la découverte si importante de la décortication des blés durs, pour les faire admettre dans la panification.

Si nous voulions nommer les industries perfectionnées, améliorées, développées ; si nous voulions énumérer celles introduites dans le pays, entièrement inconnues des Indigènes, inconnues même des Européens, avant que la production algérienne les eût réclamées, nous n'en finirions pas.

Notre but était d'affirmer la puissance de la colonisation industrielle, restreinte à l'exploitation des produits et des besoins de la colonisation agricole ; ce but est atteint et au-delà.

Résumons maintenant la discussion de la quatrième proposition de notre adversaire :

Selon lui, l'autorité gouvernementale et administrative devrait être donnée à la petite corporation d'officiers généraux, supérieurs et subalternes qui administre les Indigènes, parce qu'elle a l'éducation pratique et l'expérience quotidienne, et, comme conséquence, être retirée des mains de l'ordre civil, administrateurs, colons, commerçants, industriels, qui, à eux tous réunis, n'ont produit ni un principe, ni une idée, ni un homme.

Sans contester aux membres de l'administration des Indigènes leur part légitime de mérites et de services, nous avons démontré que si, à la rigueur, ils savent convenablement maintenir l'ordre dans les tribus, ils sont complètement étrangers aux connaissances spéciales que réclame l'administration des intérêts civils.

Enfin nous avons vengé l'ordre civil tout entier de l'accusation d'impuissance absolue portée contre lui ; nous avons fait justice d'une grave erreur économique, celle de croire que la colonisation industrielle et commerciale sont possibles en Algérie, sans le concours de la colonisation agricole.

Passons à d'autres erreurs, qu'on cherche encore à accréditer, dans l'unique but de nuire à une œuvre qu'on sait impérissable, et prouvons à nos adversaires que la sainteté de la cause de la colonisation permet de les suivre sur tel champ de discussion qu'ils voudront choisir.

## V

Proposition : La colonisation agricole de l'Algérie manque de bras et de capitaux, et l'émigration ne lui donnera ni l'un ni l'autre.

Démonstration : « Le succès de l'immigration est encore fort incertain.

« On lâcherait la proie pour l'ombre, si l'on cherchait à substituer à des hommes si bien appropriés au pays (les Indigènes) des Immigrants *raccolés* à grands frais dans les diverses nationalités européennes (page 18).

» Malgré les efforts tenaces de l'administration, à peine a-t-on pu installer *quelques milliers* d'agriculteurs. Encore n'oserions-nous garantir ni le chiffre ni la qualité réelle des individus que les statistiques officielles donnent pour des cultivateurs.

» Il y a répugnance de la population européenne à venir en Algérie (page 41).

» Les bras manquent (page 23).

» Les capitaux aussi (pages 23 et 53).

» Les capitalistes de France ont fait, en majeure partie, les frais de la première spéculation sur les immeubles urbains ; ils sont naturellement peu disposés à recommencer l'épreuve sur les terres de culture (page 55).

S'il en était ainsi, la colonisation agricole de l'Algérie serait, en effet, une chimère ; mais, pour nous servir d'une comparaison de notre adversaire, il a vu par le *gros bout de la lunette* ; en lui faisant voir les choses par le petit bout de l'instrument, peut-être comprendra-t-il la vérité.

Commençons d'abord par prouver qu'il y a, en Algérie, plus de quelques milliers de colons agricoles.

Sous ce titre : POPULATION RURALE ET AGRICOLE, le *Tableau de la situation de l'Algérie*, pour 1862 (page 215), contient ce qui suit :

D'après le dernier recensement fait par les inspecteurs de colonisation, la population rurale et agricole compte 109,808 individus, de tout âge et de tout sexe, savoir : 40,182 hommes, 27,559 femmes et 42,067 enfants.

Cette population comprend : 1° les cultivateurs proprement dits ; 2° les villageois qui, tout en exerçant dans les villages une profession quelconque, détiennent et cultivent les terres dont ils ont obtenu la concession ; 3° ceux dont l'industrie se rattache d'une manière immédiate à l'agriculture.

Jusqu'à inscription en faux contre les recensements d'agents administratifs, tous hommes honorables, nous tenons ces chiffres comme suffisamment garantis, malgré le doute émis à ce sujet par un Conseiller du Gouvernement.

Quant à la qualité de ces paysans, nous estimons qu'ils sont cultivateurs, puisqu'ils cultivent et récoltent ; nous les croyons presqu'exclusivement Français, parce que l'Etat n'a guère donné de concessions qu'à des Français ; nous pouvons même affirmer que beaucoup sont d'anciens militaires, fils de paysans français, qui, après avoir eu, comme soldats, l'occasion de connaître et d'apprécier l'Algérie, l'ont définitivement adoptée comme patrie nouvelle.

Ainsi, voilà un premier point nettement démontré : il y a, en Algérie, plus de quelques milliers de vrais agriculteurs, et ils n'ont pas été *raccolés* dans les diverses nationalités de l'Europe, et à grands frais, comme on le dit.

A propos de *raccolés*, mot très-peu parlementaire qui n'aurait pas dû se trouver sous la plume d'un Conseiller du Gouvernement, nous lui apprendrons que l'administration, loin de faire du *raccolage*, s'est, au contraire, souvent opposée à l'immigration.

Toujours, l'administration algérienne a été sollicitée à accueillir des Immigrants, et toujours elle a été dans la cruelle nécessité de repousser des propositions qu'elle eût accueillies avec faveur, si elle avait eu des terres à sa disposition.

A l'insu de l'administration, des Valais et des Prussiens ont pu arriver en Algérie ; on a eu toute la peine du monde à placer : les premiers dans des hameaux, autour de Koléa ; les seconds à Aïn Stidia, entre Arzew et Mostaganem. Aussitôt, on a dû prendre des mesures pour prévenir le retour de pareils débordements.

En 1846, environ 5,000 Français du Béarn, prêts à partir pour l'Amérique du Sud, reçoivent inopinément des nouvelles qui les font changer de destination et arrivent en Algérie. On ne put leur donner des terres, et ceux qui ne trouvèrent pas du travail chez les colons déjà établis furent obligés de rentrer en France.

Le Gouvernement n'a jamais hésité à déclarer qu'il n'avait pas besoin de colons pour l'Algérie. Le rapport de la commission d'enquête sur l'émigration, instituée en 1854, en fait foi :

Une dépêche du ministre de la guerre au président de cette commission, déclare qu'il n'y a pas lieu « de provoquer, en ce moment, une émigration étrangère trop nombreuse dans nos possessions algériennes. »

On n'a pas voulu avouer à la commission que le manque de terres imposait cette réserve : « Des raisons de l'ordre politique, tirées notamment des nécessités que nous imposent la guerre d'Orient, dit M. le Conseiller d'Etat, Heurtier, rapporteur, ont fait prévaloir l'avis du ministre au sein de la commission. »

Donc, si l'émigration ne s'est pas dirigée sur l'Algérie, c'est qu'on s'y est opposé, parce qu'on n'a jamais eu de terres à sa disposition.

Nous savons qui les détenait et qui détient encore les 800,000 hectares domaniaux que MM. les commissaires du Gouvernement ont formellement promis à la colonisation devant le Sénat assemblé, le jour où le sénatus-consulte constitutif de la propriété au profit des Indigènes a été voté.

D'ailleurs, ce n'est pas d'aujourd'hui qu'on dispute la terre à la colonisation et qu'on apporte les plus grands obstacles à l'immigration.

Avant que nos adversaires eussent écrit sur leur

drapeau : « *Il n'y a pas place, en Algérie, pour la colonisation agricole par des Européens,* » on faisait usage contre toute tentative d'importation de bras et de capitaux d'une arme de guerre plus terrible encore qu'on appelait: BATTRE LA MARCHE DES NUMIDES.

Les Numides, on le sait, emploient, contre leurs ennemis, une tactique qui consiste à les fatiguer par des marches, par des contre-marches, en ayant toujours l'air de vouloir accepter le combat ; puis quand, après des allées et des venues sans fin, les soldats harassés, exténués, doivent battre en retraite, de tomber sur eux en groupes compacts.

C'est cette tactique qu'on a appliqué aux tentatives trop persistantes de colonisation.

En voici la théorie :

Supposons un gros Monsieur, Comte ou Baron, personnage haut placé, puissamment recommandé, qui, en présence d'une crise économique : financière ou alimentaire, laissant sans pain et sans ouvrage de nombreuses familles, ait pu avoir l'idée de recourir à l'émigration ; supposons que ce Baron, après s'être assuré, d'une manière indubitable, le concours de puissants capitaux, soit venu dire à un fonctionnaire admirateur du programme de l'auteur de l'ALGÉRIE FRANÇAISE :

— Monsieur, j'ai des bras et des capitaux à ma disposition ; en voici la preuve authentique. Je viens vous demander des terres en Algérie pour les y employer.

On lui répondait : Soyez le bienvenu, Monsieur, car c'est la Providence qui vous envoie. Des terres!

nous en avons à ne savoir qu'en faire. Seuls, les bras et les capitaux nous manquent.

Ce disant, l'adversaire de la colonisation prenait la main de son interlocuteur et l'embrassait : *dessus* pour les *bras* annoncés et DESSOUS pour les CAPITAUX promis.

— Et, où voulez-vous des terres, mon cher Monsieur?

— Dans la province de Constantine.

— Diable, diable ! Toutes celles actuellement disponibles dans cette contrée sont promises à des colons très-sérieux. Allez dans la province d'Oran, où je puis vous recommander à un autre moi-même et là vous trouverez des terres meilleures encore que celles de la province de Constantine.

Le gros Monsieur accepte, prend la lettre qui le recommande très-chaudement, et arrive à Oran.

Là, le colloque continue :

— Monsieur, votre ami X. m'envoie près de vous afin que vous ayiez l'extrême complaisance de m'indiquer les terres sur lesquelles je pourrais faire emploi des bras et des capitaux dont je dispose.

— Les terres qu'on peut vous donner dans cette province, M. le Baron, sont sèches, arides, couvertes de palmier nain et très-peu sures ; car, voyez-vous, le fanatisme des Arabes d'Abd-el-Kader et le voisinage des tribus nomades et indépendantes du Maroc nous défendent encore de disposer des terres si belles et si bonnes de l'intérieur du pays.

Cette déclaration rassure peu le gros Baron.

— Ne vous désolez pas, répond l'ami de M. X., avec une bonne escorte, bien armée, vous pourrez voir nos terres ; peut-être vous conviendront-elles et votre voyage ne sera pas perdu.

Le lendemain, le Baron monte à cheval et part d'Oran, au milieu d'un convoi de spahis, de bagages, de tentes, préface trop militaire pour une pacifique reconnaissance de terres à coloniser.

Après trois jours de fatigues extrêmes, de *palmitos* en *palmitos*, — on donne ce nom aux friches de palmier nain, — le gros Baron revient à Oran, presque malade, et se réembarque pour France, par le plus prochain bateau.

A Paris, il va revoir M. X. pour l'entretenir de sa déconvenue.

— Tiens, c'est étonnant ! d'après les rapports, je croyais ces terres magnifiques. Mais, ne vous découragez pas pour si peu. On vous donnera une lettre pour le gouverneur à Alger, et lui, tout puissant sur les hommes et sur les choses, saura bien trouver mieux.

Le Baron, qui tient à cœur de conduire à bonne fin une mission à laquelle il attache beaucoup d'importance, traverse de nouveau et la France et la Méditerranée, et après huit jours d'attente pour obtenir une audience de son Excellence M. le Gouverneur, il entend ce qui suit :

« En vérité, je ne comprends rien aux illusions qu'on se fait à Paris. Nous avons sur les bras une foule de colons qui attendent des terres et qui, en attendant, mangent leur capital, et chaque jour on nous envoie de nouveaux solliciteurs. Au moins, si on répondait aux propositions que j'adresse pour rendre des terres disponibles, je n'aurais pas les pieds et les poings liés. Mais non ! on me fait un devoir rigoureux de respecter la possession des Indigènes ; on a l'air de me prendre pour un fou quand je parle de coloniser, et on m'accable de demandes en concessions, comme si on me laissait libre de disposer, même, des terres domaniales.

» Cependant, M. le Baron, comme je ne veux pas que votre second voyage soit sans résultat comme le premier, je vais vous envoyer à Constantine, et là vous pourrez, peut-être, trouver ce que vous désirez ; je dis, peut-être, car, quoique l'État y possède de vastes et de beaux domaines, l'impossibilité de déplacer encore les Indigènes qui les détiennent, ne permet pas de les concéder. Si vous ne trouvez pas là, il faudra renoncer à votre projet. J'aime mieux vous dire franchement la vérité que vous engager à dépenser inutilement, temps, argent et fatigues. »

Ce langage loyal, quoique très-peu rassurant, donne quelque confiance au nouveau Gérôme Paturot, et comme ses rêves de colonisation avaient tout d'abord eu la province de Constantine pour berceau, le Baron part pour Constantine, bien recommandé, bien patronné.

A Constantine, avant d'aller voir le chef de la province, notre chercheur de terres rend une visite au chef du Domaine. Là, on lui montre une vaste carte, en deux feuilles grand-aigle, *celle du Domaine de l'Etat*. Deux teintes indiquent, l'une en rouge, les terres déjà concédées, l'autre en bleu, celles qu'on peut rendre disponibles, après avoir trouvé place aux Indigènes qui en sont locataires. Autant la teinte rouge occupe peu d'espace, autant la teinte bleue embrasse d'immenses superficies, plus de 400,000 hectares!!!

Joyeux de cette découverte inespérée, le Baron met son bel habit, prend ses lettres de recommandation et frappe à la porte du Palais.

Il est accueilli avec la plus extrême politesse, on l'engage à tout voir par ses yeux, à choisir à son aise les meilleures terres, on lui en signale qui paraissent très-favorables à ses projets, on lui promet même d'appuyer fortement sa demande en concession, car on a hâte de voir la province de Constantine, celle où la colonisation offre le plus de facilités, atteindre le niveau de celle d'Alger ; mais — car il y a un mais — on prévient le Baron que c'est à Paris et non à Constantine qu'on accorde les concessions de l'importance de celle qu'il sollicite.

Certain d'avoir des appuis considérables à Paris, le Baron parcourt librement, et sans autre escorte qu'un guide, tout le domaine de l'ancien Beylik, entre Bône et Sétif, entre le pied du Sahel et le pied de l'Aurès ; s'il est extrêmement fatigué, il a du moins vu de très-belles choses, il a fait un choix de terres magnifiques : terres d'alluvions, riches en eaux qu'on peut approprier à l'irrigation ; pas un seul parlmier, pas même une broussaille pour faire chauffer une tasse de café, inconvénient que de belles plantations d'arbres feront rapidement disparaître.

Perette, avec son pot au lait, n'avait jamais eu plus d'illusions.

Enfin, après trois mois d'une nouvelle absence, le voyageur est de retour à Paris, ne doutant plus d'un succès prochain. N'a-t-il pas découvert ce qu'on disait ne pas exister? Il aura, du moins, droit au bénéfice d'inventeur.

La demande en concession, avec toutes les justifications nécessaires, est enfin produite : état des capitaux disponibles attesté véritable par une sommité de la Banque parisienne ; engagements réguliers des Immigrants avec rapports favorables des maires de leurs villages ; plan des terres ; soumission à toutes les conditions de droit commun qu'imposera l'Administration. Tout est parfaitement en règle; il n'y a plus qu'à instruire.

Deux bureaux doivent examiner successivement les propositions : le bureau de la colonisation, pour juger des conditions matérielles de l'entreprise ; le bureau des affaires arabes, pour donner son avis, sur la possibilité de reprendre les terres aux locataires indigènes, sur les avantages ou les inconvénients de créer des établissements coloniaux près des tribus arabes ou kabyles du voisinage.

Le bureau de la colonisation, enchanté de propositions d'une solidité indiscutable qui lui permettent enfin d'ouvrir une brêche dans ce beau domaine de Constantine, qu'un rempart d'arguties protége contre toutes tentatives d'agression, appuie le projet de toutes ses forces et va même au-devant des objections qu'on pourra faire valoir.

Le bureau des affaires arabes conclut au rejet pur et simple. On ne peut, dit-il, sans injustice, déposséder des populations qui, sans être propriétaires, il est vrai, ont acquis des droits par une possession séculaire, quoiqu'à loyer. Ces populations sont, d'ailleurs, des serviteurs de grands chefs, dont il faut respecter les priviléges. « Si nous tentions de déposséder les classes » supérieures de l'influence qui est leur apanage et » de la considération dont elles sont entourées, nous » commettrions une faute. Cette influence et cette con- » sidération ne se retireraient pas d'elles du jour au » lendemain ; elles s'en serviraient pour AMEUTER CON- » TRE NOUS ceux-là mêmes que nous voudrions affran- » chir de leur protectorat. Toute société est suscepti- » ble de se laisser entraîner au FANATISME DE LA CON- » SERVATION, lorsqu'elle est surprise par des secousses » violentes. »

Cette argumentation, que nous trouvons dans l'ALGÉRIE FRANÇAISE (*Indigènes et Immigrants*), page 45 et 46, doit être extraite de nombreux rapports sur la matière.

En présence de la menace du fanatisme et de nouvelles hostilités, les propositions du Baron doivent être rejetées.

On lui écrit donc que la crainte de complications ne permet pas d'autoriser, en ce moment, un mouvement d'émigration vers nos possessions algériennes et que le gouvernement éprouve le plus grand regret de ne pouvoir prêter son concours à une entreprise qui avait rallié autour d'elle autant de sympathie.

Là finit ce qu'on appelait la *batterie de la marche des Numides.*

Quand, pour la première fois, nous avons entendu parler cet argot, quand surtout, à notre demande, on nous eut donné la clef de cette marche, nous nous sommes refusé à croire. Aujourd'hui, nous sommes convaincu. Mais nous préférons de beaucoup la franche déclaration qui s'est produite depuis : « IL N'Y A PAS PLACE, EN ALGÉRIE, POUR DES IMMIGRANTS AGRICOLES. » Toutefois, nous n'en restons pas moins étonné qu'on ait aujourd'hui l'audace de reprocher à la colonisation de manquer de bras et de capitaux.

Nous venons de démontrer qu'on a refusé des bras, et nous ajoutons : Qu'on donne les 800,000 hectares domaniaux qui sont promis à la colonisation, et sans recourir au raccolage, on aura la preuve, par l'*arrivée immédiate* de 400,000 Européens, que l'émigration n'a pas de répugnance à venir en Algérie.

Quant au manque de capitaux, nous avons déjà répondu à notre adversaire, en mettant sous ses yeux l'inventaire détaillé des sommes déjà immobilisées : 18,000,000 par la colonisation industrielle, 290,000,000 par la colonisation agricole, sans compter l'avoir commercial et immobilier de la population urbaine.

En Algérie, comme ailleurs, peut-être plus qu'ailleurs, en raison du taux élevé de l'intérêt, on a toujours trouvé autant de capitaux qu'on a voulu, pour les bonnes affaires, sagement conduites.

En Algérie, tout colon intelligent, actif, honnête, honnête surtout ! obtient facilement crédit, pour peu qu'il possède un coin de terre, une maisonnette et qu'il conduise prudemment ses affaires.

Seuls, les faiseurs d'embarras, les présomptueux, les jeteurs de poudre aux yeux, ceux qui ne savent que hâbler au lieu de travailler, peuvent se trouver dans des embarras d'argent, parce qu'ils sont vite toisés, l'Algérie étant une excellente pierre de touche pour donner la valeur d'un homme.

*Non trabadjar, non mandjar*, dit un proverbe de la langue franque, et, en Algérie, il s'applique aux grands aussi bien qu'aux petits.

Tout ce qui travaille trouve à vivre, facilement même, et quiconque vit, a un capital.

Donc tout ce que les adversaires de la colonisation disent sur la répugnance des capitaux et de l'émigration à venir en Algérie est faux, complètement faux.

## VI

De la critique, passons à la pratique.

L'opinion publique est aujourd'hui d'accord sur deux points importants :

L'Algérie doit être colonisée par des Européens;

Les Indigènes doivent, peu à peu, être conquis à la civilisation moderne.

Entre les avis émis sur ce double sujet, il n'y a de divergence que sur les voies et moyens à employer :

Un programme repousse la colonisation agricole, mais accepte la colonisation commerciale et industrielle ;

Le même programme semble mettre en doute la puissance civilisatrice du contact européen, dans la personne de l'élément civil, et réserve exclusivement à l'administration militaire des Indigènes la mission d'amener progressivement ces derniers dans les voies du progrès.

Un autre programme, plus large, sans restriction d'aucune nature, demande la colonisation sous ses trois formes : agricole, commerciale et industrielle, et pose comme axiome fondamental que la colonisation, sous la forme agricole, quoique de beaucoup la plus difficile, a servi, sert et doit continuer à servir de base à la colonisation sous les formes commerciale et industielle.

Ce second programme — qui est celui des colons, en général — professe cette doctrine, à savoir, que le problème de la civilisation des Indigènes est assez complexe pour ne rejetter aucun concours et que, des deux ordres, le militaire et le civil, qui, en Algérie, représentent l'élément civilisé et civilisateur, celui qui peut faire aborder l'enfant par l'enfant, la femme par la femme, le paysan par le paysan, le commerçant et l'industriel par le commerçant et l'industriel, a bien plus de chance d'arriver au but proposé que l'élément militaire, généralement composé de célibataires, sans lien d'intérêt dans le pays, sans certitude même de pouvoir continuer le lendemain des relations commencées la veille.

L'expérience, guide infaillible en toutes choses, a prononcé son arrêt souverain sur la valeur relative des deux programmes :

La colonisation agricole, malgré de grandes difficultés, a surmonté tous les obstacles qu'hommes et choses ont opposés à son développement et, comme la *Terre* de Galilée, elle continue à affirmer son mouvement, en progressant, sous l'immuabilité de ce beau *Soleil* dont les rayons fécondent ses récoltes, quand ils brûlent et anéantissent ceux d'une routine séculaire.

La civilisation des Indigènes, par le simple contact de l'ordre civil, continue à se révéler chaque jour, témoin cette pétition au Sénat d'Arabes du département de Constantine (1) demandant à être assimilés aux co-

(1) Cette pétition, déposée dans le courant de février dernier, est signée de treize Arabes de la commune d'El-Arrouch et leur signature est légalisée par le maire de cette commune.

Plusieurs des pétitionnaires possèdent des propriétés individuelles qui leur ont été concédées par le gouvernement français, en récompense de services rendus à l'armée.

Ces propriétés, aménagées à la façon européenne, sont continuellement envahies par les troupeaux des tribus limitrophes pour lesquelles tous les paturages sont communs.

Quand ces propriétaires revendiquent le droit d'inviolabilité de leurs limites, le Cadi débordé « par les Indigènes qui composent les tribus où l'esprit de fanatisme s'entretient encore et s'entretiendra, tant que la tribu subsistera » sévit contre eux, pour conserver son influence et sa considération dans les tribus.

lons, quand, au contraire, dans une circulaire récente adressée à ses collaborateurs, un général, commandant l'une des trois provinces, est forcé d'avouer qu'il ne resterait pas trace des résultats obtenus par les bureaux arabes, si une circonstance quelconque venait à mettre fin à leur carrière.

Tout le monde, aujourd'hui, à peu d'exceptions près, paraît unanime à proclamer ces vérités, et nous ne serions nullement étonné que les dissidences les plus convaincues disparussent, bientôt et complètement, si une grande guerre européenne offrait un autre champ de gloire et d'avancement aux militaires chargés de l'administration des Indigènes.

Nous pouvons donc passer en revue les problèmes à résoudre, comme s'il y avait accord parfait sur les principes.

Commençons par le plus ardu, celui de la Civilisation des Indigènes.

Dans l'examen de cette grave question, l'observateur impartial est tout d'abord frappé des conditions économiques dans lesquelles l'Indigénat se trouve placé, conditions que la conquête a rendues plus déplorables encore.

En effet, avant la conquête, l'Indigène produisait

C'est pourquoi les pétitionnaires revendiquent le droit de pouvoir s'adresser à la justice éclairée, impartiale, gratuite, du juge de paix du canton.

moins, conséquemment travaillait moins qu'aujourd'hui, et, comme il ne vendait pas ou très-peu, sa production annuelle lui créait d'immenses ressources : en céréales et en viande, pour son alimentation ; en laines, pour son habitation et ses vêtements.

Malgré son imprévoyance, défaut naturel à tous les peuples fatalistes de l'Orient, il traversait, sans trop grand péril pour son existence, les séries de bonnes et de mauvaises années qui se succèdent périodiquement dans le pays, sous l'influence de causes climatériques communes à toutes les parties du littoral méditerranéen voisines des déserts de l'Asie et de l'Afrique.

Le songe de Pharaon dans lequel il voit sept vaches grasses et sept épis pleins dévorés par sept vaches et sept épis maigres est l'expression symbolique de la loi naturelle qui régit la production de ces contrées, sous le régime de la culture extensive et pastorale.

A l'époque biblique, le sage Joseph enseigna à Pharaon la loi économique à adopter pour parer aux inconvénients de la loi naturelle.

Depuis cette époque, les peuples de l'Afrique septentrionale suivent l'exemple que leur a donné le patriarche Joseph.

Quand nous sommes arrivés dans ce pays, toutes les tribus arabes avaient en silos des grains pour dix années au moins.

C'était de la prévoyance forcée, faute de débouchés, c'est vrai ; mais, quelle que soit la cause qui imposait cette situation, elle avait pour résultat de prévenir la disette.

Aujourd'hui, grâce à l'ouverture de ports et de routes, grâce au développement du commerce et à ses sollicitations incessantes, tout est changé. Dans les années d'abondance, l'Arabe vend ses laines et ses grains, même avant la récolte, et, au lieu de mettre en silos des réserves pour les années de pauvreté, il confie ses écus au secret d'une cachette.

Vendre, quand on trouve un bon prix, ne serait pas un grand malheur, car l'argent a toujours sa valeur représentative, si on sait le faire fructifier ; mais c'est le contraire qui a lieu généralement : l'Arabe vend à vil prix dans les bonnes années pour racheter à un prix double ou triple dans les mauvaises, et, dans l'intervalle entre la vente et le rachat, le capital disponible n'a rien produit :

Aucune société ne peut se maintenir en de telles conditions ; aussi, quoique les Indigènes, d'après des estimations probables, doivent avoir à leur disposition un capital en numéraire, argent et or, s'élevant à la somme de HUIT CENTS MILLIONS environ, ils sont pauvres et quelquefois très-malheureux, parce que ce capital est une VALEUR MORTE et souvent INDISPONIBLE. Nous allons dire pourquoi ;

Admettons qu'un Arabe ait vendu en récoltes de l'année : bœufs, moutons, laines, céréales, pour une somme de dix mille francs ;

Il ne peut la porter continuellement sur lui, parce que, indépendamment d'un poids gênant et des risques de perte, il ne veut pas exposer sa vie en sollicitant la convoitise d'un malfaiteur ;

Il ne peut pas la conserver dans sa tente, ouverte à

tout venant ; car il n'a ni caisse ni malle fermées pour la soustraire, même aux tentations de sa femme, de ses enfants et de ses serviteurs ;

A défaut d'un établissement public, dans les caisses duquel il puisse en faire le dépôt, le malheureux est condamné à l'enterrer, à la grâce de Dieu, dans un coin quelconque, et, pour ce faire, il se dérobe non seulement à tous les regards étrangers, mais même à ceux des siens, car, parmi eux, il peut y avoir des dissipateurs ;

Que le lendemain de cet enterrement secret, notre homme ait subitement besoin de quelques centaines de francs, il n'ira pas les demander à son trésor, car on pourrait le suivre ; que le surlendemain il meurre, cette partie de sa fortune est perdue pour sa famille.

Perdue, stérilisée ou anéantie, le résultat économique est le même : des monnaies d'or ou d'argent n'ont de valeur qu'autant qu'elles sont employées. Cela est si vrai qu'un Génie quelconque, *djin* ou *démon*, peut soustraire les huit cents millions de numéraire cachés par les Indigènes, sans que leur situation de fortune soit sensiblement modifiée, si les récoltes ou les pâturages de l'année sont abondants.

Inutile aux besoins ordinaires des Indigènes, cette réserve métallique ne peut être qu'un danger pour nous ; car, naturellement, elle trouve son emploi dans une nouvelle prise d'armes.

Combien la situation serait différente si, depuis vingt ans, l'Etat avait ouvert, au chef-lieu de chaque subdivision, des caisses d'épargnes à l'usage spécial des

Indigènes, avec la liberté d'y déposer toutes les sommes possibles.

D'abord, les économies réalisées seraient en lieu de sûreté, toujours disponibles, quoique productrices d'intérêt, au profit exclusif du déposant ; puis, à sa mort, ses héritiers ne seraient pas exposés à perdre ; enfin, l'apport ou le retrait des dépôts serait pour le Gouvernement un indice de la hausse ou de la baisse de la confiance des Indigènes en notre domination.

Avec des placements d'argent à intérêt, les Indigènes peuvent voir succéder, sans trop de péril, des années de disette à des années d'abondance, parce que le commerce est là pour suppléer au déficit des récoltes, parce que l'intérêt produit pendant la durée du placement vient compenser la différence entre la vente à la baisse et l'achat à la hausse.

Mais, si le placement à intérêt du numéraire économisé doit avoir pour résultat de conjurer le mal dont la société indigène est atteinte depuis qu'elle a renoncé à des réserves de prévoyance en nature, le placement de ses capitaux à intérêt ne peut que la maintenir en équilibre, tant qu'elle n'adoptera pas d'autres méthodes de production ; car toujours, dans l'avenir comme dans le passé, tant que le régime de la culture extensive et pastorale se perpétuera, des vaches maigres dévoreront les bénéfices réalisés sur des vaches grasses, des épis inféconds diminueront la richesse des épis pleins de grains.

Pour arriver à une situation prospère, la seule qui soit digne de nos efforts, une révolution dans les procédés d'exploitation agricole est nécessaire.

Le sénatus-consulte constitutif de la propriété chez les Indigènes est l'avènement précurseur de cette révolution. Mais, pour qu'il produise les effets qu'on en attend, il est urgent que les travaux des commissions chargées de son application marchent plus rapidement, plus économiquement, et que la propriété individuelle soit immédiatement constituée, là où elle n'existe pas, et qu'elle soit consacrée, affirmée, là où elle existe.

S'il est vrai que les Indigènes, pour sortir de l'état précaire ancien dans lequel leur société est toujours restée stationnaire ; s'il est vrai que, pour conjurer les désastres des mauvaises années succédant aux bonnes, ils doivent, comme les Européens, entreprendre des défrichements, pratiquer des labours profonds avec fumures, créer des abris pour leurs troupeaux et récolter des fourrages pour les alimenter, alors, il devient de la dernière évidence qu'il y a lieu de constituer immédiatement la propriété individuelle qui, seule, peut permettre de semblables réformes.

Ces réformes, l'impôt, intelligemment appliqué, doit les amener rapidement.

Aujourd'hui, il pèse exclusivement sur la production, avec des dégrévements au profit de l'incurie autant de fois que la nature la surprend en flagrant délit ; dans l'avenir, l'impôt doit porter principalement sur l'improduction ou sur la production inféconde.

Que l'impôt atteigne la terre en friche, que toute terre nouvellement défrichée soit exonérée pendant dix ans ;

Que toute terre ensemencée, sur un seul labour à l'araire avec deux bœufs, paie plus que celle à laquelle on aura donné deux labours profonds, avec la charrue Dombasle, attelée de quatre ou six bœufs ;

Que chaque tête de bétail, dont la bonne conservation et l'entretien sont assurés par des abris et des réserves en fourrages soit moins taxée que celle dont l'existence est subordonnée à la clémence du climat et aux ressources de la vaine pâture ;

Que l'emploi des litières et l'utilisation des fumiers sur les terres donnent encore lieu à une diminution de l'impôt sur les cultures et sur les troupeaux ;

Et alors, la révolution agricole que nous devons désirer — comme seul moyen de préserver la société indigène de la destruction dont l'incurie la menace — cette révolution sera accomplie, sans charge pour le pays ; car, en réalité, ce sera l'impôt payé pour la routine qui soldera les impenses du progrès.

L'État n'y perdra rien, attendu qu'il a mille moyens indirects pour recouvrer les sacrifices qu'il aura consentis directement.

Comme on le voit, pour nous, la question de la conservation des Indigènes passe avant celle de leur civilisation.

Sous le régime des greniers d'abondance dans les silos, la société arabe, quoique préservée en partie des désastres des mauvaises années, est restée stationnaire ;

Sous le régime de l'ensilage du numéraire au lieu de blé, elle est fatalement condamnée à périr. Vingt années de ce régime ont déjà amené dans les tribus une misère inconnue avant la conquête ; nous n'invoquerons comme témoignage que ces faits d'usure ruineuse signalés par l'autorité militaire, plaie à laquelle elle ne trouve de remède qu'en demandant au Gouvernement d'accorder aux débiteurs un délai de dix ans pour solder leurs créanciers, à l'imitation de ce qui a été fait, dit-on, en 1806, sous Napoléon Ier, pour les paysans de l'Alsace et de la Lorraine (1).

(1) Voici ce que nous lisons, à ce sujet, dans un article du *Courrier d'Oran*, du 2 août 1861 et attribué à l'autorité militaire locale :

« On a reconnu, à la suite d'une enquête, que les Arabes de » la province d'Oran payent annuellement, en intérêts usu- » raires, aux Européens et surtout aux Israélites, une somme » double de celle qu'ils paient à la France à titre d'impôt. »

L'auteur de cet article ajoute :

« Pendant que les Arabes soumis à l'autorité civile et ceux » qui habitent la partie du territoire militaire limitrophe » du territoire civil sont dans le plus profond dénuement, » les tribus qui vivent loin de nos grands centres vivent dans » l'aisance. »

Naturellement l'auteur de ces lignes, étranger à l'étude des questions économiques, attribue le malheur de nos voisins à l'influence démoralisatrice du voisinage des Européens, alors qu'il est le résultat inévitable du régime économique sur lequel nous appelons la plus sérieuse attention de l'autorité.

Sont ruinés et à la veille de périr, ceux qui continuant à cultiver comme au temps de Pharaon, sous le régime des sept vaches grasses et des sept vaches maigres, convertissent, dans les bonnes années, leurs excédants de récoltes en numéraire improductif, au lieu de les ensiler pour les consommer dans les mauvaises années.

Au contraire, continuent à se maintenir dans une aisance relative, ceux qui, fidèles aux traditions séculaires de culture extensive et pastorale, restent aussi fidèles à la tradition de l'ensilage des récoltes.

Pour l'Arabe, il n'y a pas de moyen terme :

Ou progresser avec le progrès, s'il veut se maintenir ;

Avec des caisses d'épargnes ou de dépôt — peu importe le nom à donner à l'institution, pourvu qu'elle remplisse la double condition de maintenir l'épargne disponible pour le déposant et de lui faire produire intérêt — on pourra suppléer aux réserves de prévoyance des anciens silos et conserver, comme par le passé, la société arabe dans un état stationnaire ; mais pour qu'elle puisse progresser, c'est-à-dire se civiliser, elle doit renoncer à des méthodes de production qui la mettent périodiquement à la discrétion du climat.

Vouloir civiliser les Indigènes, par l'instruction publique, littéraire ou professionnelle, avant d'avoir changé les conditions économiques dans lesquelles ils sont fatalement placés, est un non sens :

« VENTRE AFFAMÉ N'A POINT D'OREILLES. »

La sagesse de ce vieux proverbe est de tous les temps et de tous les lieux.

Or, il est incontestable qu'avec plus de valeurs métalliques à leur disposition, les Indigènes se trouvent aujourd'hui bien plus malheureux que par le passé, dès que la récolte manque ; il est incontestable encore que la misère, dans les tribus, est en rapport direct avec le rapprochement de nos établissements, de nos marchés et de nos routes.

Ou disparaitre plus ou moins rapidement, s'il veut persévérer dans la routine culturale de ses ancêtres et, en même temps, imiter les Européens qui, grâce à un autre régime de culture et à l'emploi de leurs capitaux, peuvent, à peu près impunément, vendre leurs produits après chaque récolte.

Tous les Indigènes savent cela et de science certaine.

Incapables d'apprécier les causes réelles, vraies, fatales, de cette situation, ils en font peser la responsabilité sur nous, et, éclairés par une expérience de vingt ans, ils redoutent de plus en plus tout rapprochement de notre civilisation, et, à plus forte raison, tiennent pour suspect ce qui les éloigne de la situation ancienne.

Si, au contraire, dès l'origine, nous avions prévu les changements économiques que le développement de notre commerce allait introduire dans la vie des Indigènes; si, à côté d'un mal inévitable, nous avions en même temps pris des mesures préservatrices ; si des caisses publiques faisaient produire des revenus à un capital mort; si l'impôt avait contribué à développer et améliorer la production ; si, en un mot, l'indigène était d'autant plus à son aise qu'il a plus de rapports avec nous, incontestablement il serait plus disposé à écouter nos leçons, à se laisser diriger par ceux auxquels il aurait reconnu une intelligence supérieure à la sienne.

Mais non. Les officiers chargés du gouvernement et de l'administration des Indigènes, étrangers comme leurs administrés à la gestion des intérêts des sociétés civiles, ont tenu à honneur de conserver le *statu quo ante bellum*, sans se préoccuper le moins du monde des modifications économiques que la conquête introduisait dans le pays ; et il en résulte une situation matérielle difficile qui réagit déplorablement sur la situation morale.

Analysons dans ses détails, pour en tirer quelque enseignement, le plus grand fait de civilisation, le seul peut-être, qui se soit produit chez les Indigènes, depuis la conquête ; ce fait est la création des corps de spahis et de tirailleurs.

Nous avons là l'exemple d'hommes n'ayant jamais connu l'exactitude, la propreté, l'obéissance passive, auxquels il répugnait même de devenir les *domestiques* d'un cheval, ou les portefaix d'un *sac* (d'un *bât*, *berdah*, comme ils disent eux-mêmes) et qui, cependant, rivalisent aujourd'hui avec les soldats des autres corps de notre armée pour la tenue et la discipline.

Ce n'est ni le sentiment religieux, ni l'esprit de patriotisme, ni l'amour de la gloire, ni l'espoir d'avancement qui les a amenés là, car ils sont appelés à combattre leurs coréligionnaires, leurs compatriotes, sans chance sérieuse d'honneurs ou de fortune, attendu que la loi limite leur avancement au grade de lieutenant et attribue moitié des grades de leurs corps à des Français.

Le bien-être matériel, le désir de vêtements en draps, l'appat de la viande et du pain, à chaque repas, la certitude du prêt tous les cinq jours et du décompte de la masse tous les trois mois, en un mot, l'aisance substituée à la misère, voilà ce qui a fait accepter aux spahis et aux tirailleurs la transformation la plus complète.

Quand on compare le miracle de cette métamorphose, opérée par des militaires, dans une œuvre militaire, à la négation des résultats obtenus par d'autres militaires dans une œuvre principalement civile, on arrive à répéter avec nous : à chacun sa mission.

MILITARISER est l'affaire du MILITAIRE, comme CIVILISER est la fonction du CIVIL.

Quand des militaires veulent civiliser, il est à craindre que, malgré tous leurs efforts et à leur insu, ils ne créent une situation sans autre issue qu'un nouvel appel aux armes.

Serait-il donc très-étonnant, la misère continuant à s'aggraver dans les tribus, surtout la misère compliquée de l'usure à 5 et à 10 p. 0/0 par mois, comme on le dit, que le désespoir vienne suggérer de mauvais conseils à des malheureux incapables de se tirer d'eux-mêmes de tels embarras ?

On aura beau mettre l'usure en cause, faire peser sur elle une grave responsabilité, l'usure répondra : « Si je n'avais pas prêté, l'emprunteur serait peut-» être mort de faim ; si j'ai prêté à un taux énorme, » c'est que je courais d'énormes risques à donner mon » argent ou mes marchandises à des gens ruinés et » dont le sort ne peut guère s'améliorer. »

Que répliquer ? Rien, si ce n'est qu'il y a lieu d'aviser et de remettre, aux mains des hommes préparés à la mission difficile de gérer les intérêts civils, le soin de créer aux Indigènes une situation économique nouvelle dans laquelle, après avoir payé leurs dettes, ils pourront vivre, prospérer et se civiliser.

Donnons maintenant nos conclusions sur la solution des problèmes de la colonisation.

Depuis le vote du sénatus-consulte constitutif de la propriété du sol aux mains des Indigènes, avec réserve du droit d'expropriation pour la création de centres de population européenne, la loi du développement de la colonisation nous semble très-simplifiée.

Si nous ne nous trompons, il n'y a plus qu'à faire choix de terres fertiles et saines, dans des lieux d'élection, sur les grandes voies de communication, routes ou chemins de fer, à en faire prononcer l'expropriation pour cause d'utilité publique, à payer aux expropriés l'indemnité fixée, à allotir, vendre aux enchères publiques, encaisser les prix de vente en remboursement des sommes payées pour l'expropriation et laisser les acquéreurs mettre leurs terres en valeur comme ils l'entendront.

Avec une bonne loi qui instituerait une caisse spéciale de la colonisation et la doterait d'un fonds de roulement de DIX MILLIONS SEULEMENT, en l'autorisant à vendre les terres expropriées à son profit exclusif et sans l'intervention du Trésor, la colonisation serait pourvue, à perpétuité, des ressources nécessaires pour trouver les terres dont elle aurait besoin; car il est à peu près certain que les prix de vente couvriront toujours et au-delà les prix d'expropriation, attendu que le seul fait de la création d'un centre de population européenne, avec le corollaire obligatoire de travaux publics exécutés ou à exécuter, donne au sol une plus-value qui peut être largement estimée au double de la valeur de la terre au moment de l'expropriation.

Les opérations de la caisse de la colonisation seraient les mêmes que celles des caisses municipales de Paris et autres villes de France qui viennent d'entreprendre de grands travaux de transformation dans leur intérieur. L'expropriation étant ordonnée, les caisses payaient les indemnités dues, puis les communes vendaient et les caisses rentraient dans leurs avances, souvent avec bénéfice, quand les terrains expropriés n'étaient pas couverts de constructions à démolir trop importantes.

En Algérie, où le sol est nu, l'opération donnera toujours ou presque toujours des bénéfices, l'appropriation des lieux restant, comme par le passé, à la charge des chapitres des Travaux publics des budgets gouvernementaux, provinciaux et communaux.

Si la Colonie était une personne civile, comme les départements ou les communes, on pourrait demander à l'emprunt ce fonds de roulement; mais ces libertés ne nous sont pas encore permises. Il faut donc recourir à l'Etat, et, comme il ne s'agit, pour lui, que d'une avance, il ne la refusera probablement pas, si la demande est bien motivée.

Que d'avantages résulteraient pour tous de l'institution dont nous proposons la création :

Le gouvernement n'aurait plus à intervenir dans une question toute locale ; si ce n'est pour l'approbation du choix des lieux ;

L'administration n'aurait plus à attendre des crédits pour pouvoir exproprier ;

La colonisation, avec une moyenne annuelle d'expropriation de 20,000 hectares environ par province, trouverait tous les éléments de développement nécessaires, sans avoir besoin de recourir à des acquisitions directes, ce qui ne serait pas un mal, car, dans les transactions avec les Indigènes, il y aura, pendant longtemps, à redouter des inconnus ;

Enfin, la spéculation dont certaines personnes disent tant de mal, mais qui produit tant de bien, là où elle trouve à appliquer loyalement sa puissance créatrice, deviendrait un auxiliaire intelligent dont le concours serait précieux à tous.

Si, par l'application pure et simple du sénatus-consulte de 1863 et par la création d'une caisse spéciale de la colonisation, la tâche du gouvernement et de l'administration est rendue plus facile, il nous semble que celle des colons l'est aussi, par l'expérience acquise jusqu'à ce jour.

Entre autres vérités reconnues et démontrées, on peut citer les suivantes :

La terre peut être vendue, en Algérie comme en France, au premier venu ; au bout d'un certain temps, quel que soit le propriétaire, elle se trouve bâtie, pourvue de matériel agricole, complantée, cultivée et entre les mains d'un véritable paysan, cultivateur de profession ;

L'appel à l'immigration n'est pas nécessaire pour peupler les nouvelles terres livrées à la colonisation ; toujours on trouve dans les anciens villages, des hommes acclimatés, expérimentés, possédés de l'amour de la création, qui quittent leurs propriétés faites, les vendent à de nouveaux débarqués et, avec le capital réalisé sur le produit de leur travail antérieur, vont tenter une seconde, une troisième, une quatrième fois même, la fortune dans les nouveaux centres à créer ;

Pour la création de ces nouveaux centres, plus n'est besoin de cahiers des charges prescrivant la construction d'une maison, la plantation d'arbres, le défrichement des makis, la culture des terres ; chaque colon sait que tout cela est nécessaire à sa santé et à son existence et, libre de faire ou de ne pas faire, il avance d'autant plus vite en besogne qu'il règle la création de son domaine sur le chiffre des ressources dont il dispose ;

Bref, après l'essai de beaucoup de systèmes de colonisation, on a, enfin, reconnu que celui de la liberté la plus absolue, en Algérie comme dans toutes les autres colonies du monde, était le meilleur de tous.

Les problèmes de la colonisation se trouvent donc réduits à ceci :

Avoir toujours de l'argent disponible pour exproprier ;

Vendre aux enchères publiques et au comptant les terres obtenues par l'expropriation ;

Laisser toute liberté aux acquéreurs, toutefois, en les sollicitant, par des travaux publics, à se grouper en un centre, autant que possible, mais sans en imposer l'obligation à qui que ce soit.

Si des problèmes de la colonisation proprement dite, nous passons à ceux que pose la juxtaposition d'éléments hétérogènes, leur gouvernement et leur administration, il est possible, en écartant rigoureusement toutes les solutions compliquées, pour n'adopter que celles recommandées par leur simplicité, par l'expérience qui en a été faite ailleurs, en France même, il est possible, disons-nous, de trouver une voie meilleure que celles suivies jusqu'à ce jour ou proposées à l'attention de nos hommes d'Etat.

Mais, avant de nous livrer à cette recherche, il importe de bien préciser l'avenir réservé à l'Algérie dans ses rapports futurs avec la France.

D'après notre droit politique actuel, l'Algérie, transitoirement POSSESSION FRANÇAISE, conquise et maintenue en cet état par la force militaire, doit, dès que la conquête matérielle sera réputée passée à l'état de fait accompli, être : ou une COLONIE, ou une PARTIE INTÉGRANTE DU TERRITOIRE MÉTROPOLITAIN.

Colonie, rien ne lui assigne cette destination :

Séparée de la métropole par un bras de mer que la vapeur traverse en deux jours et deux nuits, l'Algérie n'est, en réalité, qu'une prolongation méridionale de la France : même climat, même constitution géologique du sol, mêmes productions ;

Devenue *possession française*, elle a désormais la même destinée historique, le même rôle à jouer, soit dans la guerre offensive, soit dans la guerre défensive; Alger couvre Toulon, comme Toulon protége Alger. L'une et l'autre concourent, avec la Corse, à assurer la prépondérance de la France dans la Méditerranée, cette artère centrale du vieux continent, qui, avec l'ouverture prochaine de l'Isthme de Suez, avec l'importance que prend chaque jour la question d'Orient, doit redevenir une des mers les plus importantes du globe.

« Ce n'est plus dans le Nord, a dit Napoléon Ier à sa » dernière heure, que se résoudront de graves ques- » tions, c'est dans la Méditerranée ; là, AVEC DES LAM-

» BEAUX DE TERRES SAUVAGES, on peut acheter le » bonheur des peuples civilisés. »

Quand tout convie à réunir, il est impossible de songer à séparer ; aussi, depuis la conquête, l'Algérie n'a jamais été classée, par qui que ce soit, parmi les colonies de la France. Distincte de la métropole, tant que la conquête par les armes et par la civilisation du sol et des Indigènes n'est pas consommée, elle apparaît à tous comme une extension de la France sur la rive africaine d'une mer qui, pour nous comme pour les Romains, s'appellera un jour *mare nostrum.*

En 1846, le gouvernement, sous la direction de la présidence du conseil des ministres, fit publier un manifeste : LA FRANCE EN AFRIQUE, dans lequel la question des destinées de l'Algérie est résolue en ces termes :

L'Algérie ne doit pas être réunie aux colonies dans un même ministère, parce que « ELLE EST DESTINÉE A » S'INCORPORER A LA FRANCE, COMME LA CORSE. » (Page 287.)

Telle était l'opinion du gouvernement de Louis-Philippe.

L'article 109 de la Constitution de 1848 est encore plus explicite :

« Le territoire de l'Algérie est déclaré *territoire* » *français* et sera régi par des lois particulières, « JUS- » QU'A CE QU'UNE LOI SPÉCIALE LE PLACE SOUS LE » RÉGIME DE LA PRÉSENTE CONSTITUTION. »

Depuis, sous le gouvernement actuel, trois départements avec trois préfectures, trois conseils généraux, ont été substitués aux directions de l'intérieur ou des affaires civiles, termes et institutions empruntés naguère au régime colonial.

L'accord est donc unanime : Tôt ou tard l'Algérie doit être annexée a la France.

Nous disons *annexée* et non *assimilée*, parce que l'annexion et l'assimilation sont deux choses distinctes :

L'annexion comporte des tempéraments que refuse l'assimilation ;

La France continentale n'est un tout assimilé que depuis 1789 et, antérieurement, sous le régime des annexions successives, au moyen de traités particuliers pour chaque province, stipulant, au profit des territoires et des populations définitivement réunies à la couronne de France, des franchises particulières nécessitées par la différence des races, des langues, des mœurs et des coutumes, elle n'en était pas moins une puissance de premier ordre.

Même aujourd'hui encore, la Corse, l'ancien Comté de Nice, la Savoie, quoique annexés, ne sont pas encore complètement assimilés.

Pourquoi la France, fidèle à sa tradition historique et à la pratique qui lui a si bien réussi, ne procèderait-elle pas pour l'Algérie comme elle l'a fait pour toutes les provinces dont elle se compose et notamment pour le Lyonnais, en 1307, la Provence, en 1484, la Touraine, l'Anjou, le Maine, en 1584, la Navarre, en 1607, l'Auvergne, en 1610, le Roussillon, en 1642, l'Alsace, en 1648, la Flandre, en 1668, l'Artois et la Franche-Comtée, en 1678, la Lorraine, en 1766 ?

Sous le régime des provinces, des pays d'Etats, des coutumes diverses, des juridictions différentes, la France n'en était pas moins la France, et, peut-être cette multiplicité de conditions était-elle une préparation nécessaire à l'unité actuelle.

S'il est vrai que l'Algérie, plus encore que la France, a besoin d'être préparée à l'unité par des transactions multiples, pourquoi ne déciderait-on pas, en principe, que l'Algérie, territoire français dans toute son étendue, depuis que la Constitution de 1848 l'a proclamé, sera successivement annexée à la France, partie par partie, au moyen de traités d'annexion, pour chaque circonscription nouvelle, stipulant pour chacune d'elles, tant pour les personnes que pour les choses, telles franchises transitoires que tous les intérêts en présence pourraient nécessiter ?

Pourquoi, par exemple, une loi ou un décret impérial ne prononcerait-il pas l'annexion immédiate des trois départements algériens, avec les réserves suivantes :

Au profit des Etrangers et des Indigènes, application de l'article 9 du Code Napoléon, modifié par la loi du 12 février 1851, qui confère la qualité de Français à tout individu né en France (1), si, à sa majorité, il ne

(1) Loi des 22-29 janvier, 7-12 février 1851, CONCERNANT LES INDIVIDUS NÉS EN FRANCE.

Art 1er. « Est Français, tout individu né en France d'un » étranger qui lui-même y est né, *à moins que*, dans l'an- » née qui suivra l'époque de sa majorité, telle qu'elle est fixée » par la loi française, *il ne réclame la qualité d'étranger*, par

revendique, par une déclaration authentique, la nationalité de son père ;

Protectorat spécial de Commissaires impériaux, institués, à cet effet dans chaque département, pour ceux des Indigènes, nés dans les communes françaises, qui, dans l'année de leur majorité, déclareront ne pas vouloir être Français ;

Au profit des Français, des Etrangers et des Indigènes, exemption de l'impôt foncier, pendant vingt années, pour toutes les constructions et reconstructions nouvelles, pour toutes les terres défrichées ainsi que pour celles dont les travaux d'aménagement équivalent à un défrichement ;

Exemption de telle ou telle charge de droit commun, qui, momentanément, s'opposerait au développement de la colonisation.

Avec ces réserves, qui peuvent être spécifiées dans un traité d'annexion, nous ne voyons aucune difficulté à la réunion immédiate des trois départements algériens aux 89 départements de France et à leur administration par le ministère de l'Intérieur.

Nous disons traité d'annexion et non *décret d'annexion*, parce que, sous le régime du suffrage universel qui a doté la France de la Constitution et du gouvernement qui la régissent, il nous semble difficile que des délégués des populations des trois départements algé-

» une déclaration faite, soit devant l'autorité municipale du
» lieu de sa résidence, soit devant les agents diplomatiques ou
» consulaires accrédités en France par le gouvernement étran-
» ger. »

riens ne soient pas appelés à traiter, avec des Commissaires du gouvernement impérial, des conditions de la réunion. L'Algérie est assez méconnue dans la métropole et les intérêts à ménager sont assez complexes, pour que nul ne songe à priver les Algériens d'un droit qui, grâce à l'inspiration française, semble prévaloir aujourd'hui dans toute l'Europe.

Si les idées d'annexion, que nous émettons ici, pouvaient être prises en considération, une constitution et une loi de naturalisation, depuis longtemps promises mais toujours ajournées, probablement à raison de la difficulté de les formuler convenablement, ne seraient plus nécessaires au même degré.

Une constitution, a dit Napoléon Ier, et Napoléon III l'a répété après lui dans une circonstance solennelle : « Une constitution est l'œuvre du temps ; » on ne saurait laisser une trop large voie aux amélio- » rations. » C'est surtout vrai pour un pays dont la population est un mélange de Berbères, d'Arabes, de Français et d'Européens, tous appelés, cependant, à vivre sous les lois de la France.

Avec des traités d'annexion, variables, si l'on veut, pour chaque localité, suivant l'élément qui y domine, on prépare mieux la fusion, l'assimilation, si elle est possible, que par une constitution unitaire pour des conditions dissemblables ;

Avec la simple application d'un article du code Napoléon sur la naturalisation de plein droit, la qualité de Français se trouve conférée individuellement, à leur majorité, aux Indigènes et aux Etrangers nés dans nos communes, inscrits sur nos registres d'Etat-Civil élevés avec nos enfants, parlant notre langue et ayant depuis vingt ans secoué tous les préjugés qui ont cours dans le pays.

Ainsi, tout devient simple, parce qu'on ne procède pas par une révolution générale, subite, inattendue, mais par des évolutions successives, localisées, individuelles.

Exemple :

Un territoire sauvage est livré à la colonisation ; quelques années après, il est érigé en commune de plein exercice et annexé à un arrondissement. Vingt et un ans après, tous les enfants d'Etrangers ou d'Indigènes nés dans cette commune, sont Français, sous le régime du droit commun, s'ils ne revendiquent pas une autre qualité.

Quant à ceux qui voudront rester Indigènes, la protection de fonctionnaires spéciaux, assimilés aux consuls, leur permettra, sous le régime d'un droit commun spécial, de continuer à participer à la vie commune, sans qu'ils aient à souffrir ou à faire souffrir les autres.

Par ce procédé, avec le seul élément du temps, l'Algérie devient France et elle n'est peuplée que de Français.

Quel beau jour pour l'Algérie, sera celui où nous tous, nous pourrons dire : ENFIN, NOUS SOMMES EN FRANCE !!!

Mais, nous demandera-t-on, avec l'annexion limitée aux trois territoires départementaux, que devient le reste de l'Algérie ?

A cette question, nous répondons :

Dès que les prescriptions du Sénatus-consulte constitutif de la propriété individuelle seront devenues une réalité, la terre indigène se trouvera, *ipso facto*, assimilée à la terre française, ce qui est déjà un point très-important.

Il ne restera qu'à s'occuper de ses habitants pour les amener, progressivement, à un état qui, avec les développements ultérieurs de la colonisation, permettra d'étendre l'annexion, successivement, par la création de nouvelles communes, de nouveaux arrondissements et de nouveaux départements.

Si l'on veut sérieusement que les tribus, en dehors du droit commun, deviennent rapidement en état d'être annexées, il faut se résoudre à revoquer impitoyablement tous les fonctionnaires qui feront obstacle au progrès et à ne les récompenser qu'à raison de l'avancement de leurs circonscriptions dans les voies de la civilisation et de la colonisation.

La situation actuelle serait bien différente, si, depuis l'organisation des bureaux arabes, on avait été rigoureux sur ce point capital.

Cependant, depuis 1830, malgré de grands obstacles, et malgré la guerre, on a pu créer trois départements et soumettre au régime civil 555,558 Indigènes, c'est-à-dire le quart de la population totale du Tell ; il est bien permis d'espérer que chaque nouvelle période de vingt-cinq ans, la paix aidant, verra bien se produire un progrès égal à celui réalisé jusqu'à ce jour.

Alors, si nous ne présumons pas trop de l'avenir: en 1889, il y aurait six départements et un million d'Indigènes annexés ; en 1914, neuf départements et un million et demi d'Indigènes administrés civilement ; enfin, en 1939, douze départements comprendraient la totalité des Indigènes de la partie colonisable de l'Algérie.

Soixante-quinze ans, est un bien long terme ; c'est vrai, mais, dès aujourd'hui, nous félicitons nos enfants et nos petits-enfants, si un siècle seulement aura été nécessaire pour faire de l'Algérie une France africaine.

Pour que cette métamorphose s'accomplisse, il est indispensable que l'administration actuelle des Indigènes soit profondément modifiée ; que, le plus tôt possible, l'élément civil et civilisateur soit introduit dans les bureaux arabes pour y absorber l'élément militaire et arriver prochainement à une administration normale.

Résumons ces conclusions :

Avant de songer à civiliser les Indigènes par l'instruction, il y a, préalablement, à les placer dans des conditions économiques qui leur permettent de vivre.

Des administrateurs militaires conduisent les Indigènes à leur perte ; des administrateurs préparés par des études spéciales à la gestion des intérêts des sociétés civiles peuvent, seuls, réparer le mal fait et découvrir des voies nouvelles pour ramener la prospérité dans les tribus ruinées par manque de prévoyance.

La colonisation agricole par des Européens peut et doit être développée autant que possible. Les moyens de succès sont connus et certains.

L'annexion progressive et l'application à l'Algérie de l'article 9 du Code Napoléon résolvent les principaux problèmes de l'administration et du gouvernement.

On nous accusera, probablement, de nier les services rendus par les bureaux arabes militaires et de vouloir leur appliquer la peine du talion, en demandant, sinon leur suppression, du moins des modifications radicales dans la composition de leur personnel. Nous déclarons n'être mu par aucun mauvais sentiment de représailles. Personne, plus que nous, n'apprécie l'intelligence, le dévouement, les convictions sincères de la grande majorité des officiers des bureaux arabes parmi lesquels, au début de l'institution, nous avons compté de nombreux amis. Mais, pour nous, les questions de personnes disparaissent devant les questions de principes. A tort ou à raison, nous sommes convaincu que la conquête est sans but, qu'elle est même une tache pour une nation comme la France, si nous ne parvenons à conserver et à civiliser les Indigènes; à tort ou à raison, nous sommes convaincu que la colonisation agricole, par ses bons exemples, que l'administration des tribus, par des administrateurs civils, peuvent seules atteindre ce double résultat.

Ce n'est pas d'aujourd'hui que nous soutenons cette double cause. Il y a vingt ans, nous faisions la GUERRE A LA GUERRE CONTRE LES TRIBUS, parce que nous la croyions poussée au delà des limites nécessaires; aujourd'hui, nous armons en GUERRE CONTRE LA GUERRE A LA COLONISATION, parce que nous la considérons comme une folie, pour ne pas dire une trahison contre les intérêts de la France, qui doivent être sacrés pour tous ses enfants.

Heureusement, cette cause est impérissable et elle triomphera de tous ses adversaires.

FIN.

www.ingramcontent.com/pod-product-compliance
Ingram Content Group UK Ltd.
Pitfield, Milton Keynes, MK11 3LW, UK
UKHW020139200726
13856UKWH00003B/764